THOMAS GÖBEL

Mein Leben

Thomas Göbel

Mein Leben

Autobiographische Skizzen

Privatdruck

*Einen herzlichen Dank an Herrn Dr. Roland Schaette,
dessen großzügige Finanzierungshilfe
das Erscheinen dieses Buches ermöglichte.*

ISBN: 978-3-927118-19-5
© 2008 Nana Göbel und Hanne Weishaupt
Gestaltung: Walter Schneider
Druck: AZ Druck und Datentechnik, Kempten

Auslieferung durch:
Buchhandlung Engel, Alexanderstr. 11, 70184 Stuttgart
Tel.: 0711 240413   Fax 0711 2360021   www.buch-engel.com

Inhalt

Vorwort 9

Die ersten Lebensjahre in Magdeburg 11
    Die Familien Zakrotzki und Göbel   12
    Frühe Erinnerungen an das «Büdchen»   18
    Der Unfall in der Zerbster Straße   23
    Der Umzug zum Kaiser-Otto-Ring   26
    Großmutters Märchenstunden   27

Die Kindheit in Lemsdorf 31
    In der Schule   34
    Auf den Feldern   34
    Kindliche Seelenstimmungen   41
    In Gnadau   46
    Mein Freund Willi   49

Die Mittelschulzeit: Kriegsbeginn 52
    Der Dienst im Jungvolk   54
    Der Einsiedlerkrebs   56
    Das Haus am Friedhof   59
    Klugheit der Mutter und deren Folgen   60
    Opa Bette   63
    Der Tag, als der Krieg ausbrach   66
    Noch einmal Opa Bette   67
    Der erste Alarm   68

    Luftschutzwache in der Schule   70
    Zum letzten Mal: Opa Bette   71
    Papa Schnell   73
    Herr Lücke, der Physiklehrer   74
    Mein Freund Hänschen Haupt   77

Die Forstlehre in Schierke 79
    Bei Franz Materne   80
    Jagderlebnisse   83
    Waldarbeit   86
    Klettern und Skifahren mit Freunden   88

Das Kriegsende: Oktober 1944 bis Juli 1945 92
    Reichsarbeitsdienst in Tuschamala   92
    KZ-Haft und Zwangsarbeit: wieviel ich wusste   95
    Spieß Maier in Braunschweig   97
    Fronteinsatz und amerikanische Kriegsgefangenschaft   99
    In englischer Kriegsgefangenschaft   103

Wieder Forstlehrling in Schierke 106
    Hafterlebnisse in der sowjetischen Besatzungszone   106
    Waldfundsachen   109
    Anne   110

Erste Begegnungen mit dem schönen Geschlecht 113
    Die Kreuzhorst bei Magdeburg   113
    Zwischen Verehrung und Anmache   115
    Angelika aus Halle   117

Ausbildung in der sozialistischen Forstverwaltung 119
    Holzbezugsscheine   120
    An der Forstschule Schloss Stolberg   121
    Viel Freizeit in Kochstedt   128
    Helga   129

Studium der Forstwirtschaft in Berlin und Eberswalde 134

   Immatrikuliert! 134
   Die Püttberge: das Märchen von den Urstromtälern 138
   Eisfischen im Müggelsee 140
   Einkommensquellen 141
   Nach der Trennung von Gudrun 142
   Studentenleben, Studentenstreiche 145
   Die Hubertusfeier 149
   Die Forstschutzprüfung 150
   Promotion bei Professor Liese 153
   Zweiter Anlauf: Promotion bei Professor Wagenknecht 155

Haldensleben: die berufliche Sackgasse 156

   Waldbauleiter im Forstwirtschaftsbetrieb Haldensleben 156
   Sozialistische Jagden 158
   Das Verhör 159
   Die Flucht 161

Mein zweites Leben 163

   Heirat mit Ruth 164
   Wieder im Forst 167
   Waldorflehrer in Pforzheim 171
   Herbert Witzenmann 176
   Willi Aeppli und Ernst Weißert 180
   Karl Fischer 183

Die Gründung des Carl Gustav Carus-Institutes 189

Verzeichnis der Bücher und Zeitschriftenbeiträge
von Thomas Göbel 203

Vorwort

Thomas Göbel war es gegen Ende seines Lebens ein Anliegen, den an ihm interessierten Menschen auch seinen ersten Lebensabschnitt zu schildern, den er in Ostdeutschland, genauer zwischen Magdeburg, Harz und Berlin bzw. Eberswalde, verbracht hat. Er hatte zunächst nicht vor, auch die Erlebnisse und die biographische Entwicklung nach seiner Flucht 1954 aufzuschreiben. Auf meine wiederholte Bitte hin hat er zwar keine biographische Schilderung mehr geschrieben, aber damit begonnen über solche Menschenbegegnungen zu erzählen, die ihm im Altersrückblick besonders wichtig geworden waren. Mitten in diesen Beschreibungen ist er krank geworden und konnte das Begonnene nicht mehr fortsetzen. Er starb am 8. April 2006. So ist diese Autobiographie Fragment geblieben.

Ich habe mir lange überlegt, ob ich mir erlauben solle, dieses Büchlein mit der Schilderung der Flucht abbrechen zu lassen. Zuletzt habe ich die Begegnungsskizzen doch belassen, auch wenn es deutlich wahrnehmbare Altersskizzen sind. Aber es soll ja durch dieses Büchlein eine Begegnung mit Thomas Göbel stattfinden können, und dazu gehört auch die Art, wie er im Alter auf manche Menschenbegegnung geschaut hat. Einige Schilderungen mag der Leser befremdlich finden. Meine Schwester und ich haben uns trotzdem entschlossen, die Biographie so herauszugeben, auch wenn wir wissen, dass für manches nur dem freundschaftlich Gesinnten eine wohlwollende Kenntnisnahme möglich ist. Dieses Risiko wollte Thomas Göbel eingehen und so tun wir es auch.

Sehr viele Elemente dieser Biographie aus der Zeit nach 1954 fehlen in dieser Darstellung. Es kam ihm ja nicht darauf an, eine vollständige biographische Darstellung zu geben, sondern den in der DDR verbrachten Teil seines Lebens zu schildern. Sein wissenschaftlicher Ansatz ist kaum angedeutet. Die wissenschaftliche Arbeit von Thomas Göbel kann der interessierte Leser und Freund in seinen Büchern und vor allem in den im Tycho de Brahe Jahrbuch für Goetheanismus veröffentlichten Aufsätzen kennen lernen. Im Tycho de Brahe Jahrbuch 2006 sind außerdem einige Rückblicke auf sein Leben erschienen, die diese Autobiographie sinnvoll ergänzen.

Ich hoffe sehr, dass der geneigte Leser durch das Aphoristische hindurch Thomas Göbel so vielschichtig kennen lernen kann, wie er war.

Ich selbst habe in ihm einen Menschen vorbildhaft erlebt, der Tugenden anstrebte, die er überhaupt nicht mitgebracht hat, der intensiv übte, der noch intensiver übte und solch eine große Verwandlung seines Charakters errungen hat, dass alle, die ihn aus den cholerischen jüngeren Jahren kannten, mit Erstaunen feststellen mussten, wie entwicklungsfähig ein Mensch ist. Ich verehre in ihm einen Menschen, der auf absolut selbständige Art und Weise Schüler Rudolf Steiners gewesen ist und immer nur das vertreten hat, was ihm eigene Erkenntnis und Erfahrung geworden ist. Ein Schleier ist gleichzeitig um diesen Menschen, der die feineren Schichten seiner Seele für viele verdeckt hat. Möge es ihm durch den Rückblick auf dieses Leben gelingen, auch für die Zukunft fruchtbare Schritte für die Menschen vorzubereiten.

Nana Göbel

Die ersten Lebensjahre in Magdeburg

Magdeburg ist heute eine Industriestadt an der mittleren Elbe. Das alte Magdeburg liegt auf dem Westufer rings um den Domfelsen aus Grauwacke, den man von der östlichen Flussseite aufragen sieht. Auf ihm steht der Magdeburger Dom wie eine Bastion der mittelalterlichen christlichen Welt gegen die heidnischen Wenden, deren Siedlungsgebiet im neunten und zehnten Jahrhundert bis hierhin reichte. Zu dieser Zeit – als Heinrich I. deutscher König war – wird sich Deutsch als Volkssprache rings um den Harz entwickelt haben. Bis dahin gab es als Schriftsprache nur das die Kultur beherrschende mittelalterliche Latein. Mit der Entwicklung der althochdeutschen Volkssprache geht auch politisch einiges einher, was symptomatisch gesehen werden darf: Heinrichs Sohn, Otto I. oder später der Große, wurde deutscher Kaiser, nachdem er die Ungarn auf dem Lechfeld geschlagen hatte. Er erweiterte seinen Staat nach Osten, indem er Marken unter den Markgrafen Hermann Billung und Gero errichtete. Parallel dazu gründete die Kirche im Slavenland die Bistümer Oldenburg, Havelburg und Brandenburg. Nach Westen dehnte Otto I. das Reichsgebiet bis nach Lothringen aus, auf das der französische König Ludwig IV. nach zwei verlorenen Kriegen verzichten musste.

Als Zentrum der ottonischen Reichspolitik expandierte Magdeburg schnell. 968 wurde das Erzbistum Magdeburg auf der Synode von Ravenna gegründet. Unter den Staufern verlagerten sich die Machtinteressen nach Süden, und Palermo wurde zum Mittelpunkt des Heiligen Römischen Reiches Deutscher Nation.

Die Familien Zakrotzki und Göbel

Magdeburg ist meine Geburtsstadt, aber nicht die Heimat meiner Eltern. Meine Großmutter mütterlicherseits stammt aus der Nähe von Mohrungen in Ostpreußen. Sie ist dort im Bewusstsein aufgewachsen, Leibeigene gewesen zu sein. Dass das de jure nicht richtig ist, mag nicht als Einwand gelten. Die sozialen Verhältnisse auf den großen Gütern Ostpreußens waren wohl so, dass die Reformen Hardenbergs und von Steins nicht bis ins Bewusstsein der Analphabeten gedrungen waren, die dort als Mägde und Knechte dienten. Meine Großmutter jedenfalls war Analphabetin, als mein Großvater auf dem Gut auftauchte. Er war ein Pole namens Zakrotzki, der aus einer begüterten Reederfamilie in Graudenz stammte. Sein Vater soll einer der Anführer des letzten nationalpolnischen Aufstandes gewesen sein und war deshalb von den Russen und Preußen lange inhaftiert worden. Die inzwischen nicht entschädigungslos enteignete Familie Zakrotzki hatte für den Nachkömmling aus einer spät geschlossenen zweiten Ehe keinen Lebensraum mehr. So verließ mein Großvater Polen, um viele Jahre durch Russland zu wandern. Meine Mutter erzählte mir als Kind, wie er auf der Lena mit dem hereinbrechenden Winter auf Schlittschuhen nach Süden lief. Er ist wohl ein Landstreicher gewesen bis er auf dem Gutshof auftauchte, auf dem meine Großmutter Henriette aufwuchs. Hier hat er ihr erklärt, dass man für sich selber arbeiten solle – und nicht für den Grafen! Meine Großmutter hat mir an einem Adventabend in meinem sechsten Lebensjahr erzählt, wie in ihr eine Welt zusammengebrochen sei, als sie das hörte. Die Erschütterung hat ihre als paradiesisch erlebte Jugendzeit abrupt beendet und Henriette ging mit ihm mit, wohl ohne sich von ihrer Familie zu verabschieden; und sie ist nie wieder zurückgekommen nach Ostpreußen. Sie hatte das kreisrunde Gesicht der Ostpreußen mit den guten Augen, aber auch mit einem herben Zug um den Mund.

Meine Großeltern gelangten schließlich nach Magdeburg, wo sie unter den allerärmlichsten proletarischen Verhältnissen im Keller

Abb. 1: Jugendbild der Mutter Hedwig Göbel, geb. Zakrotzki

eines Hinterhofes wohnten. Hier, in einer dieser engen Gassen zwischen Lödischer Hofstraße und dem Knochenhauer Ufer in der Nähe des alten Marktes, bekam meine Großmutter drei Söhne und eine Tochter: meine Mutter. Alle drei Söhne sind im ersten Weltkrieg gefallen, was mein Großvater nicht verkraftet hat. Für meine Großmutter aber brach zum zweiten Mal eine Welt zusammen, die religiöse, die sie sich bis dahin bewahrt hatte. Sie konnte sich keinen Gott mehr vorstellen, zu dem zu beten sich gelohnt hätte, weshalb sie zur entschiedenen Atheistin wurde. Weil sie diese gottlose Welt verstehen wollte, in der das Schrecklichste täglich möglich ist, lernte sie im Arbeiterbildungsverein anhand des Buches «Das Kapital» von Karl Marx Schreiben und Lesen.

Dies alles weiß ich aus den Erzählungen meiner Mutter. Großmutter Henriette kenne ich als Oma, die mir und meinen drei jüngeren Brüdern Märchen vorlas. An meinen Großvater Zakrotzki erinnere ich mich nicht mehr, wohl aber an seinen Garten. Meine Erinnerung reicht bis in das zweite Lebensjahr zurück; den Garten sehe ich in allen Einzelheiten vor mir: riesengroß und nahezu grenzenlos für ein kleines Kind. Diesen Garten hatte mein Großvater erworben, um mit dem Betrieb der dazu gehörenden Gärtnerei seine Familie zu ernähren. Mein Großvater soll im hohen Alter noch Krakowiak getanzt haben, wenn ihn die Schwermut überkam und er nach seinen Söhnen rief. Er erlitt einen Schlaganfall, an dem er wenige Tage später starb. In seinem Garten stand auch die Gartenlaube, in der ich am 11. Februar 1928 geboren wurde. Sie bestand aus einer Wohnküche, die meiner Großmutter auch als Schlafzimmer diente, und dem Zimmer meiner Eltern.

Mein Vater stammt aus dem Eulengebirge in Schlesien. Das Dorf Falkenberg liegt auf beiden Seiten der Grenze zwischen Niederschlesien und der Grafschaft Glatz. Oben am Pass, auf dem die Grenze verlief, stand auf der Glatzer Seite die Grenzbaude, die meinem Großvater gehörte, und auf der schlesischen Seite das Wohnhaus, dessen Eingangstür von zwei mächtigen Eschen gesäumt wurde. Die Tür öffnete in einen großen Flur, der nach links den Zugang zu einer Veranda bot, von der aus man zu der dahinter

*Abb. 2: Die Gartenlaube, in der ich am 11. 2. 1928 geboren wurde,
im strengen Winter 1928/29*

liegenden Wohnstube gelangte. Rechts wohnte meine Tante Resel, deren Räume ich nie betreten habe. Geradeaus ging es in den ersten Stock, der schon zur Hälfte im Dach lag. Auf der Rückseite schloss sich eine Scheune an, die bis zum Dach mit alten Sachen gefüllt war. Zur Scheune ging man drei Stufen hinunter. Unten führten weitere Stufen in die Brunnenstube, die sich unterhalb des Wohnbereichs befand. Der Brunnen floss in einen großen steinernen Trog, aus dem alles Wasser geschöpft wurde. Es roch frisch, feucht und kühl, und ich habe den Duft unserer Quelle geliebt, die mir immer ein heiliges Gefühl schenkte. Langsam und still ging ich hinab, das Plätschern verehrend, welches Tag und Nacht wie Musik erklang, immer anders, nie gleich und doch immer dasselbe. Hier wollte ich allein sein. Vielleicht sollte ich besser sagen, hier wollte das Kind allein sein. Das Gefühl, vor den Wundern der Natur zu stehen, keimte ihm hier und es liebte diese Augenblicke sehr.

Mein Großvater väterlicherseits ist schon mehrere Jahre vor seiner Frau gestorben. Er war Sattlermeister und besaß nicht nur die Grenzbaude, sondern auch eine Sattlerei, die er in Wüstewaltersdorf betrieb. Hier war die Manufaktur «Websky, Hartmann und Wiesen» ansässig, über die Gerhard Hauptmann in seinen Webern erzählt. Mein Vater hat von meinem Großvater einige Zeit nach dessen Tod ein Bild gemalt: Man sieht einen brüllend gestikulierenden Greis mit wirrem weißem Haar vor einem schwarzen Hintergrund toben. Alle hatten wohl Angst vor ihm, auch meine Großmutter, die im Alter gelähmt war. Ruhig saß sie in einem großen Lehnstuhl am Fenster, doch da sie noch Hände und Arme bewegen konnte, winkte sie mir jedes Mal zu, sobald ich mich dem Haus näherte.

Großvater Göbel hat seinen drei Söhnen und seiner Tochter den Beruf vorgeschrieben. Mein Vater, der Zweitgeborene, musste «Bäcker, Konditor und Bombenmacher» werden, gemeint sind die Liegnitzer Bomben, eine Rosinenleckerei mit Schokoladenüberzug. Am Todestag seines Vaters hat er geschworen, niemals mehr im Leben etwas zu backen, und er hat sich eisern daran gehalten. Ein Websky half meinem Vater dann, sich seinen wahren Berufswunsch zu erfüllen. Mit der Unterstützung dieses Mäzens konnte er in Dresden auf der Kunstakademie bei Lürich Malerei studieren. Auf der Brühlschen Terrasse lernte er meine Mutter kennen, die Gesang studiert hatte und ihr erstes Engagement an der Semperoper mit großem Enthusiasmus wahrnahm. Sie sang die Elsa im «Lohengrin» von Richard Wagner. Wie sie nach Dresden gekommen war, hat sie nie erzählt. Wahrscheinlich sind ihre Lebensumstände zu beschämend gewesen. Armut hat der Liebe meiner Eltern nie Abbruch getan und beide müssen in dieser Zeit, ich vermute 1923, Mitglied der Anthroposophischen Gesellschaft geworden sein.

*Abb. 3: Bildnis meines Großvaters, von meinem Vater
gemalt kurz nach dessen Tod*

Frühe Erinnerungen an das «Büdchen»

Am 11. Februar 1928 wurde ich also in der Turmschanzenstraße in Magdeburg geboren. Mit dem linken Fuß war schon bei der Geburt etwas nicht in Ordnung gewesen, denn ich erinnere ein frühes Foto, auf dem er dick verbunden ist. Meine Mutter hat auf Befragen von einem Gipsverband gesprochen, ohne Näheres sagen zu wollen. Vermutlich handelte es sich um einen Klumpfuß. Soweit ich weiß, erlitt meine Mutter mehrere Fehlgeburten ehe ich zur Welt kam und ebenso zwischen den Geburten meiner Brüder Ulrich und Florian. Dies konnte ich mit Mitte Zwanzig aus einer Andeutung entnehmen, die fortan in meiner Erinnerung einen festen Platz einnahm.

Das «Büdchen», wie die Gartenlaube in der Familiensprache später genannt wurde, lag auf der Höhe der Straße, die zur Elbe hin durch einen Wall geschützt war. Von der Straße führten etwa 5 Stufen zum Garten, der durch eine Bocksdornhecke (Lyciyum) von ihr getrennt war. An die überhängenden Zweige erinnere ich mich noch deutlich: dass es Bocksdorn war, weiß ich erst seit meinem forstwirtschaftlichen Studium, als mein Blick zufällig auf ein Lyciyumexemplar fiel. Dadurch wurde das Erinnerungsbild gegenwärtig, denn mit dieser Solonaceenart war ein tiefes Kindheitserlebnis verbunden, das sich fest in die Erinnerung eingeprägt hat.

Unter der Bocksdornhecke lebte eine Erdkröte, die mich manches Mal durch das feuchte Laub anblickte als ob sie etwas von mir wollte. Auf meine Frage erklärte mir meine Mutter, die Kröte sei ein verwunschener Prinz, der dort einen Schatz hütete. Die Geschichte fesselte mich so, dass ich keine Ruhe mehr ließ und den Schatz sehen wollte. Meine Mutter hat mir, wenn ich in den Garten ging, rote Bleyle-Hosen mit einem Leibchen angezogen, das auf dem Rücken geknöpft war. Diese Hosen hasste ich aus tiefstem Herzen. Es handelte sich dabei um eine ganz offensichtlich anthroposophisch inspirierte pädagogische Maßnahme, mit der mein cholerisches Temperament bereits im dritten Lebensjahr behandelt werden sollte. Jedenfalls blieb meiner armen Mutter

Abb. 4: Meine Eltern im Frühjahr 1929

Abb. 5: Oma Henriette und ich

wohl nichts anderes übrig, als diesem Kind mit den roten Hosen den Schatz zu zeigen. Mit liebevollen Worten kündigte sie es mir nach dem Gebet beim Zubettgehen an. Die Nacht hat das kommende Unternehmen in der Seele zu bedeutender Dimension wachsen lassen, und sofort nach dem Aufstehen musste sie mit einem Spaten in der Hand zur Bocksdornhecke gehen, wo die Kröte den Schatz bewachte. Nach einigen Spatenstichen erschienen die Schätze. Mir schien hier ein ganzes Königsreich an Wun-

Abb. 6: Kinderportrait im 2. Lebensjahr

dern ausgebreitet: Silber und Gold glänzten und Edelsteine funkelten und das Herz floss über vor der Erhabenheit dieses Anblicks. Meine Mutter verlangte, dass alles an den Ort zurückgegeben werden müsse, denn es könne der Kröte schlecht ergehen, wenn etwas von dem Schatz, den sie hütete, verloren ginge. Wenn ich mich recht erinnere, waren es Teile einer alten Nähmaschine, jedenfalls waren Garnspulen dabei, die ich auch heute noch deutlich vor mir sehe. Dieser Fleck unter der Hecke blieb mir heilig, ich

Abb. 7: Als Kind mit den roten Bleyle-Hosen

näherte mich ihm nur ehrfürchtig und kam ihm auch nicht zu nahe. Die Kröte habe ich nie wieder gesehen.

Einige weitere Erinnerungen aus dem dritten Lebensjahr gibt es noch. Eine hängt mit der erwähnten roten Bleyle-Hose zusammen. Mein Bruder Ulrich hatte eine blaue, was ebenfalls auf sein Temperament schließen lässt. Ganz am anderen Ende des großen Gartens grenzte ein Drahtgitterzaun, der im rechten Winkel zur Bocksdornhecke verlief, unser Grundstück gegen einen Fußweg ab. Dieser Zaun bot einen Durchschlupf, den meine Brüder und ich offenbar fleißig nutzten, denn vor meinem inneren Blick steht deutlich die Folge des Durchkriechens durch den Zaun: ein Loch in der Bleyle-Hose! Ich ging mit sehr zwiespältigen Gefühlen zum Büdchen zurück. Das furchtbare Schuldgefühl lag mit dem Glücksgefühl, von etwas Furchtbarem befreit zu sein, im Wettstreit. Doch meine Mutter fand eine Lösung, auf die mein kindliches Gemüt gar nicht gekommen war – die Hose wurde gestopft. Jetzt war die Hose immer noch rot und nicht zu öffnen, und obendrein hatte sie noch einen Schandfleck! Von da an habe ich mich tief geschämt, wenn ich die Hose tragen musste, weil nun jeder meine Schuld öffentlich sehen konnte.

Der Winter von 1929 auf 1930 war so hart, dass die Wasserleitung im Büdchen zugefroren war und unsere Mutter das Wasser in zwei Eimern aus der benachbarten Kaserne holen musste. Der Soldat in Uniform, der den Wasserhahn bediente, oder der zumindest beim Wassereinlassen im Keller zugegen war, jagte mir so viel Verehrung und Furcht ein, dass ich mich hinter meiner Mutter versteckte und nicht einen Augenblick lang ihr Kleid losgelassen habe.

Warum das Grundstück mit dem Büdchen in meinem dritten Lebensjahr verkauft wurde, weiß ich nicht, aber der Abschied zerriss mir das Herz. Ein Königsschatz blieb unter der Hecke versteckt und eine verzauberte Kröte, die ihn bewachte, und nie wieder konnte ich zu diesem Ort zurückkehren und die kindliche Bewunderung und Ehrfurcht empfinden vor den Geheimnissen und Wundern dieser Welt.

Der Unfall in der Zerbster Straße

Wir zogen in die Zerbster Straße mitten in eine Siedlung von Reihenhäusern mit kleinen Vorgärten. Hier ganz im Osten von Magdeburg endete die Straßenbahn und die Landstraße nach Burg verließ die Stadt in Richtung Berlin. Die Endpunkte der Zerbster Straße wurden von quer stehenden Häusern kreuzender Straßen verstellt. Wohin der Blick auch fiel, er fiel auf Häuser und das wenige Grün der Vorgärten war mit wohl über einen Meter hohen gusseisernen Gittern verschlossen, die oben in Pfeilspitzen ausliefen.

Die Mutter brachte den Dreijährigen in einen Kindergarten, der jenseits der Landstraße lag. Die «Tanten», wie wir die Kindergärtnerinnen nannten, waren geschäftig, flink und sehr besorgt, dass auch alle spielten. Das Kind wurde in einen Sandkasten gesetzt und sollte dort ebenfalls spielen. Der Sandkasten war ein neues Phänomen. Der Sand fühlte sich feucht und kalt an, und was spielen heißen sollte, war unverständlich. Auf Anweisung hatte das Kind noch nie etwas tun müssen, und nun passte die Tante auf, dass es auch ja «spielte». Ob ich geweint habe, weiß ich nicht mehr. Jedenfalls verging die Zeit nicht und eine innere Trübnis ergriff mich, die nicht zu beseitigen war. Meine Mutter holte das Kind wieder ab aus dieser Fremde und die Zerbster Straße wurde an diesem Mittag als Heimat erlebt, zum ersten Mal schaffte sie Geborgenheit. Ich bin sicher, dass ich diesen Kindergarten nie wieder betreten habe. Alle Versuche schlugen fehl, das Kind, das schrie und sich hinwarf, noch einmal in diese Fremde zu verbannen. Das waren die ersten Erfahrungen, die meinen Eltern den Eindruck vermittelt haben müssen, einen schwer erziehbaren Sohn zu haben. Warum ich in den Kindergarten gebracht werden sollte, weiß ich eigentlich nicht. Meine Mutter ging nicht zur Arbeit, aber es muss eine Zeit gewesen sein, in der es ihr nicht gut ging. Dunkel taucht in der Erinnerung auf, dass ich längere Zeit mit der Großmutter und dem Bruder allein in der Wohnung war. Die Mutter muss wohl im Krankenhaus gewesen sein.

Während dieser Zeit verflog sich ein Vogel, wohl ein Sperling, in unsere Küche, der ein offener Balkon vorgebaut war, auf dessen Brüstung Blumenkästen mit Geranien standen. Meine Großmutter fing ihn, hielt ihn in beiden Händen so, dass das Köpfchen hervorschaute und zeigte ihn mir. Ich wollte ihn unbedingt behalten und bettelte die Großmutter an, dass sie ihn nicht wieder frei lassen möge.

Sie sprach lange über die Freiheit, die solch ein Tier braucht, wenn es nicht zugrunde gehen soll, und ich empfand, dass es dem Vogel jetzt ähnlich erging wie mir im Kindergarten. Und so fanden wir einen Kompromiss: Wenn die Großmutter ihn in eine grüne Behausung setzen würde zwischen den Geranien und er sich dort wohl fühle, so könne er ja bleiben und wenn er ausgeflogen war, auch wieder an seinen Wohnplatz zurückkehren. So haben wir es gemacht, und das Herz schlug wild vor Erwartung, ob er dort wohl bleiben oder die Freiheit wählen würde. Er hat die Freiheit gewählt. Das stimmte mich zwar traurig, aber das Wissen, dass der Sperling seine Tage fortan nicht eingesperrt verbringen müsse, war tröstlich. Deshalb blieb bei aller Trauer ein gutes Gefühl zurück. Das Kind empfand Freude daran, mit seinem Verzicht einem Wesen zu sich selbst verholfen zu haben. Und ich habe oft nachgeschaut, ob das Vöglein nicht doch noch einmal dorthin zurückgekommen ist, wo ihm Wohnstatt und Freiheit geschenkt worden waren.

Dass ich als Kind allein auf die Straße gehen durfte, glaube ich eigentlich nicht und doch muss es einmal so gewesen sein. Ausgerissen bin ich wohl nicht, denn Unrecht, das ich beging, brannte mir immer lange in der Seele, wie auch die Lügen, die den Selbstwert zernagten und die doch ausgesprochen wurden. Mein Versuch über den Eisenzaun des Vorgartens zu klettern misslang jedenfalls, und meine Erinnerung setzt erst in dem Augenblick ein, in dem ich die Balance verlor, mit dem Kopf voran stürzte und mit dem linken Fuß zwischen den Pfeilspitzen hängen blieb. Ich konnte mich nicht selbst befreien, rief aber auch nicht um Hilfe, da das Gefühl, ein großes Unrecht begangen zu haben, die Seele überwältigte. Das Kind schrie nicht, verbiss den Schmerz, bis ihm schwarz vor den Augen wurde und es das Bewusstsein verlor. Wer es aus dieser Lage befreit hat, wie lange es gedauert hat und was die Folgen des Ganzen waren, ist mir nicht bekannt. Die Verletzung muss nicht ganz unerheblich gewesen sein, denn ich musste längere Zeit mit verbundenem Fuß das Bett hüten.

Der Umzug zum Kaiser-Otto-Ring

Mein Vater wurde im Jahr 1931 Lehrer für Malerei an der Volkshochschule von Magdeburg, wo er auch Zeichenkurse gab und Kunstgeschichte unterrichtete. Die Kunstfächer der Volkshochschule waren in einer großen Villa am Kaiser-Otto-Ring untergebracht. Der zugehörige Garten grenzte an den Königin-Luise-Garten, einem kleineren Park, der nördlich der Magdeburger Stadtmitte lag. Die Villa stand dem Magdeburger Oberbürgermeister als Dienstwohnung zur Verfügung, wurde aber in dieser Zeit von Ernst Reuter, dem späteren regierenden Bürgermeister von Berlin, nicht in Anspruch genommen. Deshalb vermietete die Volkshochschule eine Wohnung im Dachboden an uns. Der Umzug ist mir noch in einem Punkt gegenwärtig. Die Mutter fuhr mit mir und meinem Bruder in der Straßenbahn bis zum damaligen Kaiser-Wilhelm-Platz. Heute heißt er sicher anders. Damals stand ein riesiges Denkmal in der parkähnlichen Platzmitte, das eine imposante Erscheinung auf einem Pferd vorstellte, die über alle Menschen hinweg in die Ferne blickte. Dies war Kaiser Wilhelm, nach dem der Platz benannt war. Sein Anblick flößte meinem Kinderherzen mehr Furcht als Ehrfurcht ein. Rings um den Kaiser-Wilhelm-Platz führte der Verkehr und vor den Häusern, die den Platz umgaben, lief ein von Ahornbäumen gesäumter Fußgängerweg. In einem dieser Häuser hatte die Firma Most eine Filiale, in die wir einkehrten, um den Möbeltransport abzuwarten. Meine Mutter bestellte sich Kaffee und wir bekamen eine Tasse heiße Schokolade. Diese Schokolade war etwas so Wohlschmeckendes und Köstliches, wie ich es vorher nie probiert hatte. Trotz aller Bettelei ist es die einzige heiße Schokolade der ganzen Kindheit geblieben. Die Großmutter hat aus lauter Erbarmen einmal Kakao gekocht, aber das war nicht vergleichbar. Der Kakao schmeckte nicht einmal ähnlich und vor allem fehlte das Servierfräulein mit dem großen Busen, der einige tiefe Einblicke erlaubt hatte und der ganz unbedingt zur Schokolade gehörte – falls man so etwas gestehen darf. Damals wurde mir als aufkeimendes Gefühlsurteil erlebbar, dass der weibliche Busen die sowohl einfachste wie auch vollkommenste und faszinierendste Form ist, die die Natur je hervor gebracht hat und die in der Kindheit immer eine tiefe Bewunderung, ja ein heiliges Gefühl erzeugt hat. Dieses Gefühl galt dem Wesen, das dieser Vollkommenheit zugehören musste, ein Paradies wurde gefühlt, das die Lebenserfahrung bis heute nicht völlig vernichten konnte. Ja, die Schokolade hatte eine tiefe Wirkung, von der meine liebe Mutter nichts ahnen durfte.

Großmutters Märchenstunden

Die Dachwohnung im Kaiser-Otto-Ring hatte einen Ausgang auf eine Dachterrasse, die von einer Balustrade gesäumt war. Von hier oben konnten wir auf den Königin-Luise-Garten mit seinen großen Bäumen blicken, von denen mir besonders eine Rosskastanie in Erinnerung geblieben ist. In der Mitte unseres Wohnzimmers stand eine Säule, die wohl zur Dachkonstruktion gehörte. In dem um eine Stufe erhöhten Erker saß im Winter unsere Großmutter, um mir Märchen vorzulesen.

Ich liebte Asbjörnsens norwegische Märchen der Trolle wegen. Besonders angetan war ich von den beiden Märchen «Schmierbock» und «Lillekort». Die Hauptfigur Lillekort hatte sich zum Wahlspruch erkoren: «Kann ich's nicht, so lern ich's doch». Im Märchen heißt es nach meiner Erinnerung: «… da kam auch schon der Troll dahergesaust, er war so groß und so dick, dass er ganz abscheulich aussah, und fünf Köpfe hatte er. «Feuer!», schrie der Troll. «Feuer gleichfalls!», sagte Lillekort. Darauf schlug der Troll mit der dicken eisernen Stange, die er in der Faust hielt, nach Lillekort, so dass die Erde ihm sieben Ellen hoch über den Kopf flog. «Twi!», sagte Lillekort, «das war auch schon was Rechtes! Nun sollst du aber einen Hieb von mir sehen!» Und damit ergriff er sein Schwert, das er von dem alten krummbuckligen Weibe bekommen hatte und hieb damit nach dem Troll, dass dessen fünf Köpfe über den Sand dahintanzten…».

Abb. 8: Die beiden älteren Brüder, Thomas und Ulrich

Dass damit eine Prinzessin befreit wurde, spielte keine so große Rolle – wichtig war das Vertrauen des Lillekort, alles lernen zu können, was er noch nicht beherrschte, und sei es, dem Troll mit einem Hieb die Köpfe vom Rumpf zu trennen. Das tat der kindlichen Seele wohl. So wurde die Großmutter mit der Bitte bestürmt, zu zeigen, wo die Trolle hausen. Da forderte sie Stille, legte den Finger an die Lippen und sagte: «Hör mal!» Der Wintersturm fegte um das Haus, es war tiefe Dämmerung und in der Säule in der Zimmermitte grummelte der Sturm. «Leg' das Ohr an die Säule, dann hörst Du die Trolle.» Obwohl ich schreckliche Angst vor den Trollen hatte, wollte ich, dass sie hervorkämen und sich sehen ließen. Aber meine Großmutter erklärte mir, dass die

Trolle in der Säule eingeschlossen seien und nur dort heraus könnten, wo sie hereingekommen wären: oben auf dem Dach. Die Versicherung ließ den Mut wachsen, obgleich das Herz den Worten der Großmutter nicht ganz traute. Nun wurde in mir der Wunsch unwiderstehlich, die Trolle zu reizen: schnell waren Hammer und Nägel gefunden und die Nägel in die Säule geschlagen, um die Trolle am Po zu ritzen, wenn sie durch die Säule fuhren. Ungewiss, was nun passieren würde, schlug mir das Herz vor Angst – aber das Grummeln in der Säule veränderte sich nicht. Das verstand das Kind überhaupt nicht. Wieso ritzten die Nägel die Trolle nicht? Meinen Vater aber packte der Zorn dermaßen, dass mir der Hintern versohlt wurde und sich die Überzeugung von meiner Schwererziehbarkeit weiter festigte. Meine Eltern haben aber nie aufgegeben und ihre liebevollen Erziehungsversuche weiter fortgesetzt.

Noch während unserer Zeit im Kaiser-Otto-Ring muss ich in die Schule gekommen sein, obwohl das von der Zeit her kaum möglich erscheint, denn im Herbst 1933 mussten die Eltern die Wohnung verlassen, wozu noch einiges zu sagen ist. Der Schulweg führte durch den Königin-Luise-Garten und über die Straße jenseits des Parkes, wo die Schule lag. Weil ich noch keine sechs Jahre alt war, hatte meine Mutter das Kindermädchen eines ebenfalls eingeschulten kleinen Mädchens aus dem Nachbarhaus gebeten, mich mit über die Straße zu nehmen. Auf dem Rückweg saßen wir mit dem Kindermädchen auf einer Bank im Park und erzählten, welche Schulaufgaben wir bekommen hatten. Wir sollten einen Tisch und einen Stuhl auf die Schiefertafel malen. Das Kindermädchen machte sich an die Arbeit und dekorierte die Tafel seines Schützlings so großartig, dass ich ihr keine Ruhe ließ, bis auch meine Tafel Tisch und Stuhl zierten. Zuhause zeigte ich die Zeichnung vor und behauptete, das Bild eigenhändig gemalt zu haben. Dabei blieb ich auch trotz mehrfacher Nachfrage der Eltern. Diese Lüge erzeugte über viele Jahre ein schlechtes Gewissen, welches immer wieder zum Tragen kam, sobald Ungezogenheiten ausgeführt werden sollten oder ausgeführt wurden. Überhaupt erscheint der Zustand, ein schlechtes Gewissen zu haben, im Rückblick permanent vorhanden gewesen zu sein.

Vom 31. März oder Anfang April des Jahres 1933 ist mir eine andersartige Situation im Gedächtnis geblieben. Ich stand mit meinem Bruder Ulrich an dem großen eisernen Gittertor, das die Zufahrt auf das Villengrundstück versperrte und die auch nie offen stand. Offen war allein eine kleinere Gittertüre für die Fußgänger. Auf der Straße marschierte die SA, laut Lieder brüllend. Das erzeugte zwar keine Furcht, aber es machte uns Kinder vollständig sprach- und empfindungslos: die Zukunft warf ihre Schatten in unsere Kinderseelen. Kommendes Unheil war der unreflektiert geahnte Seeleninhalt. Einer der SA-Männer, der papierene Hakenkreuzfähnchen verteilte, steckte auch eines davon in meine Kinderhand. Ich konnte das Fähnchen nicht loslassen, wollte es aber auch nicht haben und starrte es an. Meine Mutter nahm es mir aus der Hand, doch ich fühlte mich trotzdem nicht befreit: Eine Dumpfheit blieb bestehen.

Die Kindheit in Lemsdorf

Nach der so genannten Machtübernahme Hitlers wurde meinem Vater die Wohnung gekündigt. Wir zogen nach Magdeburg-Lemsdorf, einem ehemaligen Dörfchen, dessen Gemarkung an Magdeburg-Sudenburg angrenzte. Man erreichte Lemsdorf über eine Chaussee, die durch Äcker führte. Alte Spitzahorne säumten die Straße, die dadurch vom Radfahrweg und vom Fußgängerweg getrennt lag. Auf halbem Wege von Sudenburg nach Lemsdorf stand ein eingezäunter Komplex mit einem Hof und einem Hinterhaus, wo mein Klassenkamerad Karl-Heinz M. wohnte. Lemsdorf selbst hatte kein eigentliches Zentrum, es sei denn, man will einen dreieckigen Platz dafür nehmen, auf dem ein Kinderspielplatz mit einem Sandkasten untergebracht war. Hier, wo die Neinstedter, die Nienburger und die Harzburger Straße zusammen stießen, endete die Chaussee aus Richtung Sudenburg. An der einen Seite des Platzes befand sich die Polizeistation, in der der Polizist Schöndube Dienst tat, der Bretterzaun an der zweiten Seite verbarg den Biergarten einer Gastwirtschaft und die dritte Seite des Platzes wurde von einem niederen alten Haus eingenommen, das nur Parterrewohnungen hatte und arm wirkte. Etwa hundert Meter die Harzburger Straße hinauf stand die Dorfkirche und ihr gegenüber lag das Grundstück der 26. Magdeburger Volksschule. Zur Straße hin war der Hof der Schule durch ein Eisentor und eine Eisentüre verschlossen, die durch eine halbhohe Mauer aus Ziegelsteinen fortgeführt wurde, auf der ein Eisengitter zwischen gemauerten Pfeilern den Abschluss bildete. Das ganze Gitter wurde von wildem Wein überrankt, der den Blick auf den dahinter liegenden Garten verwehrte. Hinter dem Garten lag ein Haus, in dessen Untergeschoss Hausmeister Stridde wohnte und darüber zogen wir ein. Obwohl die Wohnung für den Schuldirektor reserviert gewesen war, stand sie leer; und weshalb mein Vater sie mieten konnte, erinnere ich nicht.

Es gab zwei Schulgebäude, eines war durch ein Treppenhaus mit dem Wohnhaus verbunden, das andere lag an der Wernigeroder Straße, der Parallelstraße zur Harzburger. Weil der Zugang zur Schule nur von der Harzburger Straße aus gestattet war, blieb das Eisentor an der Wernigeroder Straße immer verschlossen. Betrat man das Schulgelände, lag eine große Aschengrube links in der Ecke an der Wand zum Nachbarhaus. Ebenfalls an das Nachbarhaus angebaut waren die so genannten Ställe, von denen wir einen zur Verfügung hatten. In einem größeren standen später unsere Fahrräder. Rechts, der Aschengrube gegenüber, grenzte ein Lattenzaun den Garten und den Zugang zum Wohnhaus vom Schulhof ab, auf dem ein großer Apfelbaum stand. Seine Zweige reichten bis zum Schlafzimmerfenster der Eltern hinauf.

Der Garten zwischen Straße und Wohnhaus ging um das Haus herum und gehörte uns. Er war reichlich mit Obstbäumen bepflanzt: einen großen und einen kleinen Pflaumenbaum erinnere ich, ebenso vier Apfelbäume, davon ein Grafensteiner und ein Cox-Orange, sowie zwei Sauerkirschen. Wein rankte sowohl am Wohn- wie auch am Schulbau auf. Außer den Schulgebäuden gab es noch einen Toilettenanbau und eine Mauer, die das Schulgelände gegen ein zwischen der Harzburger und der Wernigeroder Straße liegendes Feld abgrenzte. Dahinter sah man eine Villa in einem Park. Jenseits der Wernigeroder Straße befanden sich ein Spielplatz und der alte, nicht mehr benutzte Dorffriedhof. Direkt neben dem Schulgebäude in der Wernigeroder Straße war das Papiergeschäft Fels zu finden. Hier war alles vorrätig, was man in der Schule brauchte: z.B. Knallerbsen, Stinkbomben, Ausschneidebögen und Bonbons, die in Magdeburg «Bollchen» heißen.

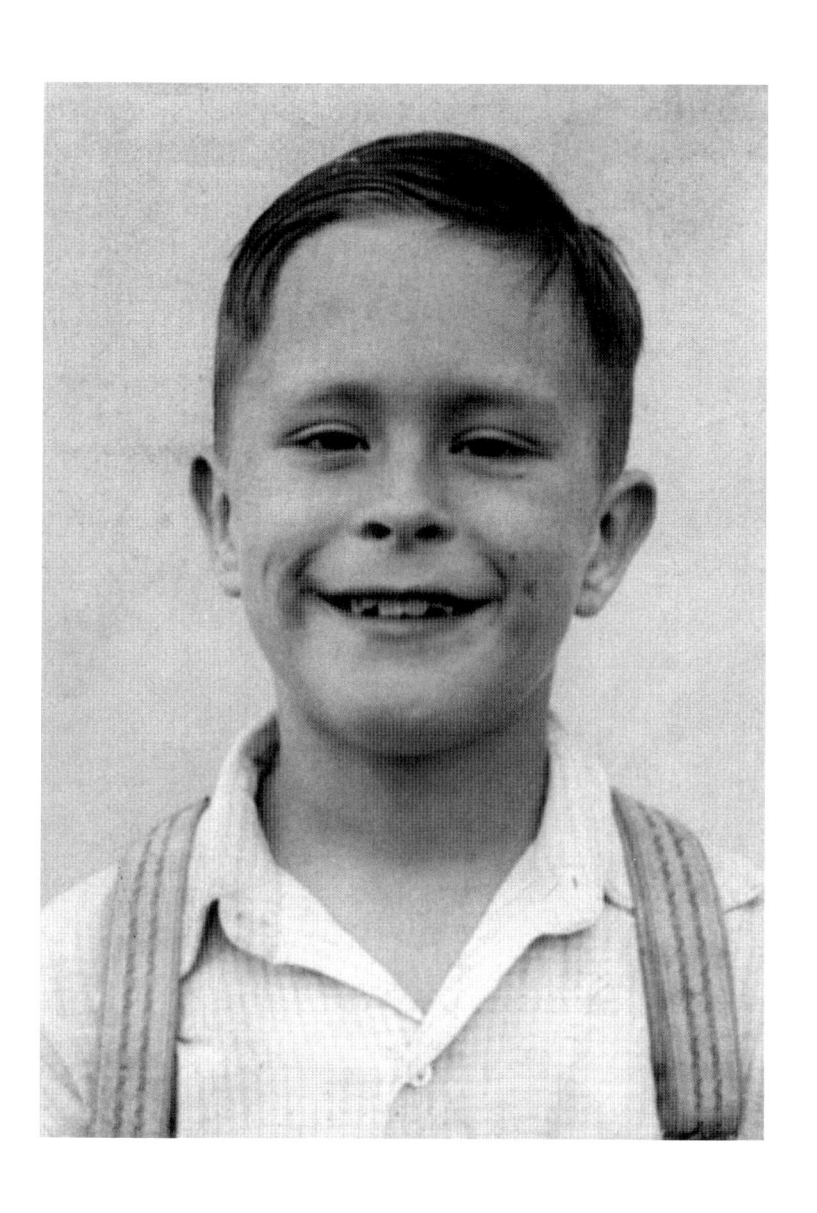

Abb. 9: Als Schuljunge in Lemsdorf

In der Schule

In dieser Welt also wohnten wir nun. Ich kam in die Klasse von Herrn Bastian, die im Erdgeschoss des Schulgebäudes an der Wernigeroder Straße lag. Der Blick auf das Feld wurde durch eine Mauer verwehrt, die für eine gewisse Düsternis sorgte. Zwischen Fenstern und Mauer mag ein Abstand von weniger als zwei Metern gewesen sein. Außerdem war dieser Streifen verwildert, weil sich der Hausmeister Stridde nie um die dichten schwarzen Holunderbüsche gekümmert hat.

Herr Bastian war ein strenger Mann. Er ging mit einem Rohrstock durch die drei Bankreihen. Die Mittelreihe bestand aus doppelten Bänken für vier Schüler, an den Wänden standen einfache Bankreihen für je zwei Schüler. Ich habe nie begriffen, was der Klassenlehrer von mir wollte. Als ich einmal zur Strafe vor die Tür gestellt wurde – der Anlass könnte ein schlecht gespitzter Griffel gewesen sein – lief ich nach Hause, um mich auf dem Dachboden zu verstecken, was ich häufiger tat. Mein Vater muss wohl dafür gesorgt haben, dass keine schrecklichen Folgen eintraten, denn ich kann mich an den Ausgang dieser Eskapade nicht mehr erinnern. Geliebt wurde Herr Bastian nicht, aber auch nicht gehasst. Er war mir eher unheimlich, aber ich hätte ihn wohl gerne geliebt. Schon in der zweiten Klasse gab es einen Lehrerwechsel, und bis zum Ende der vierten Klasse hat kein Lehrer Spuren hinterlassen. Wohl aber andere Ereignisse.

Auf den Feldern

Lemsdorf hat zwei herausragende geographische Besonderheiten – die Hohle Graupe und die Klinke –, die beide für unsere kindlichen Abenteuer eine geeignete Bühne boten. Die Hohle Graupe ist ein Hang von vielleicht 10 bis 15 Metern Höhe und einer Breite von weniger als 100 Metern. Auf der Kuppe dieses flachen Endmoränenzugs verlief eine mit Eschen bepflanzte Chaussee. Ihr eichen-

Abb. 10: Mit dem Vater Ludwig Göbel in Schlesien

ähnlicher Habitus wies sie als Kalkeschen aus, deren weibliche und zwittrige Exemplare einen Behang mit geflügelten Früchten bilden. Von Lemsdorf her führte eine gepflasterte Straße an dem Hang vorbei, und die mit Halbmagerrasen bewachsene Ödfläche zwischen Straße und Chaussee wurde Hohle Graupe genannt.

Hinter den Schrebergärten, die bis an die Ödfläche reichten, führte ein Trampelpfad die Hohle Graupe hinauf bis auf die Chaussee. Hier setzten sich die Jungen in einen Handwagen und rollten die Hohle Graupe hinab, über den Fußgängerweg auf das Kopfsteinpflaster der Straße und diese noch hinunter, bis der Wagen zu stehen kam. Natürlich durften nur die großen Jungen lenken: Dabei nahm man die Deichsel zwischen Beine und Füße. Wenn ich

*Abb. 11: Die Sommer wurden im Adlergebirge verbracht –
auch mit Naturerkundungen*

den Wagen hinaufzog, durfte ich mit hinunterfahren. Als ich den Wagen einmal bis an die Hangkante hinaufgebracht hatte, kam etwas ganz Unbekanntes riesigen Ausmasses über mich und deckte fast den ganzen Himmel zu. Vor Schreck reglos starrte ich auf die Erscheinung, die sich unaufhaltsam auf mich zu bewegte: Der Anblick des unbekannten Himmelsobjekts ist bis heute in allen Details lebendig geblieben. Ich erwachte erst aus meiner Erstarrung, als mich die Rufe der vielen Menschen erreichten: «Der Zeppelin, der Zeppelin!» Meine Furcht ging in ein Staunen über und das Staunen in erregte Gebärden.

Als Jahrzehnte später meine Frau unseren kleinen Töchtern am Heiligen Abend die Weihnachtsgeschichte aus der Bibel vorlas,

Abb. 12: Mit den Brüdern in Schlesien

diente mir das überwältigende Ereignis dazu, das Phänomen der menschlichen Furcht besser zu verstehen: In der Bibel erscheint der Engel den Hirten auf dem Felde und spricht: «Fürchtet euch nicht...», ohne sich zu erkennen zu geben, während in den Oberuferer Weihnachtsspielen die Erscheinung seinen Namen nennt: «Fürchtet euch nicht! Ich bin der Engel Gabriel...». Dies deutet auf eine bessere Kenntnis der menschlichen Seele hin, denn die Furcht schwindet erst, wenn Erfahrung und Begriff zusammenfallen. Erst diese Ganzheit schafft das Bewusstsein, in dem sich der Mensch zu Hause fühlt, auf der Erde so zu Hause fühlt, dass ihm die Sinnenwelt nicht mehr fremd erscheint, weil die Begriffe Abbilder der Ideen sind, in denen er vorgeburtlich zu Hause war. Das ist nicht

Abb. 13: In Schlesien entstanden Bilder der Natur

nur so, wenn der Engel seinen Namen nennt, auch dann ist es so, wenn der Begriff sich auf eine Sinneserfahrung wie die des Zeppelins bezieht. Der Begriff gehört dem inneren Seelengrunde an, die Erfahrung der Welt. Und beides zu vereinen ist eine der Grundlagen des menschlichen Bewusstseins.

Die zweite geographische Besonderheit hieß «Klinke». Die Klinke ist ein Bach, der in Ottersleben entspringt. Die Steilufer der Klinke sind zwei bis drei Meter hoch. Über die Klinke zu springen war der steilen Ufer wegen nicht so leicht, wenn auch ungefährlich, oft aber nötig. So zum Beispiel dann, wenn die männliche Jugend aus Ottersleben mit Fahrrädern einen Angriff auf uns Lemsdorfer startete. Hatten wir das andere Ufer erreicht, nützten den

*Abb. 14: Schlesien lud auch zu Exkursionen
mit den Brüdern ein*

Otterslebenern die Fahrräder nichts, und man war gerettet. Der Krieg, ein latenter Zustand zwischen beiden Dörfern, wurde dann nur verbal fortgesetzt, es sei denn, die Anzahl der Jungen war groß genug, um eine offen Feldschlacht bestehen und möglichst auch gewinnen zu können. Links und rechts der Klinke gab es Feldwege, die Ottersleben und Lemsdorf verbanden und die in Ottersleben an der Halberstädter Straße begannen, wo eine Brücke über den Bach führte, während sie in Lemsdorf bis an die Niendorfer Straße reichten, wo die Klinke am Friedhof gequert werden konnte.

Die Otterslebener Mannschaft hatte ein Naturrecht auf die Felder südlich der Klinke und die Lemsdorfer auf die nördliche Region.

Wehe aber, man stand auf der falschen Seite, das war eine Kriegserklärung, die regelmäßig eine Schlacht zur Folge hatte. Aber wir konnten ja zur Not über die Klinke fliehen, wobei diejenigen, die ins Wasser fielen, von den Angreifenden überwältigt wurden. Dann gingen die Verbalinjurien in blutigen Ernst über. Unser Vater, inzwischen waren drei seiner Söhne kriegsfähig, sorgte dafür, dass immer ein Handwagen zum «Spielen» mitgenommen wurde. Er war das Lazarettfahrzeug, mit dem die Verletzten zum Doktor Bischoff gefahren wurden, sofern sie nicht mehr laufen konnten. Auch wurden darauf Gefangene transportiert, die auch nicht mehr laufen konnten, weil ihnen sämtliche Hosenknöpfe abgeschnitten worden waren. Die Knöpfe konnten sie behalten. Die Gefangenen wurden regelmäßig wieder freigelassen, wenn der Abend dämmerte und man zu Hause erscheinen musste, sonst setzte es etwas. Die Freilassung erfolgte, soweit ich mich erinnern kann, ohne Formalitäten. Es war eben einfach Schluss, jedenfalls bis zum nächsten Mal.

Die Zeit, in der die Schlachten zwischen Lemsdorf und Ottersleben geschlagen wurden, war die Zeit zwischen der Getreide- und der Kartoffelernte. Waren die Kartoffeln vom Bauern Deye eingebracht, der in der Nienstädter Straße seinen Hof hatte und die Felder nördlich der Klinke bewirtschaftete, gab es anderes zu tun, was ebenfalls über manches Jahr hin zur Jahresrhythmik der Dorfjugend gehörte: Kartoffelfeuer wurden angezündet und die vom Bauern übersehenen Kartoffeln in der glühend heißen Asche gebraten. Das waren Freudenfeste, wahre Erntedankfeste. Auch hierzu gehörte der Handwagen. Der Qualm des Kartoffelfeuers stank erbärmlich und wenn der Wind so hineinfegte, dass man befürchten musste, hineinzugeraten, sprang man zur Seite. Damals lief die Jugend noch barfuß und bei einem solchen Sprung landete ich mit dem linken Fuß genau in der Kartoffelhacke, deren mittlere Zacke oben aus dem Fußrücken ragte. Ich wurde auf den Handwagen geladen und im «Karacho», so war die Redensart, zum Doktor Bischoff gefahren. Irgendeiner hielt dabei die Hacke.

Der Doktor Bischoff erschien auf seinem Hof, besah sich das Malheur und sagte: «Du bist mir ein schöner Held. Hast Du nicht einmal den Mut, das Ding wieder herauszuziehen. Pass einmal auf, wie man das macht!» Und schon war die Hacke draußen. So ging's beim Doktor Bischoff zu, er war ein wirklich guter Haus- und Landarzt, der wusste, wie man seine Patienten zu behandeln hat. Das war mein zweiter Unfall mit dem linken Fuß.

Kindliche Seelenstimmungen

Der Otterslebener Teich, dem die Klinke entsprang, wurde einmal zum Abfischen abgelassen. Alle Jungfische flossen mit dem Klinkewasser in Richtung Elbe: diese Gelegenheit wurde sofort von der Lemsdorfer Jugend genutzt. Auch ich nahm einige Fische in einem Einmachglas mit nach Hause, hatte dabei aber merkwürdige Gefühle. Einerseits war ich natürlich stolz darauf, Besitzer selbst gefangener Fische zu sein, andererseits fühlte ich im Untergrund der Seele ein Unbehagen. Im Nachhinein gesehen wird es mit dem natur- und menschenunwürdigen Verhalten der Fischer zusammengehangen haben, die die ganze Fischbrut verkommen ließen und aus ihrem Lebensraum vertrieben. Ich schreibe das heute nicht als eine mögliche Erklärungsart, die auch durch eine beliebig andere ersetzt werden könnte, sondern mit einer gewissen inneren Sicherheit, dass es einen solchen Stimmungsuntergrund tatsächlich gab, der mehrfach in vergleichbaren Situationen heraufdrängte, ohne verstanden werden zu können. Deshalb sei eine weitere ähnliche Seelenstimmung geschildert.

Von Magdeburg-Rothensee, einem Industriegebiet im Norden der Stadt, fährt der Dampfer elbabwärts nach Hohenwarthe, einem Dörfchen, das dort liegt, wo die Endmoränenlandschaft des Fläming die Elbe und das Magdeburger Urstromtal erreicht. Auf dem Fläming, oberhalb des Elbtales, endet der Mittellandkanal am westlichen Ufer der Elbe. Das Schiffshebewerk, das die Höhendifferenz überwindet, war damals noch nicht errichtet. Hohenwarthe und Niegripp, die beiden Dörfer, die der Dampfer anfährt, liegen auf dem östlichen Ufer und beide Orte sind beliebte Ausflugsziele gewesen.

Wir, die ganze Familie, fuhren oft sonntags mit dem Dampfer nach Hohenwarthe und wanderten dort in den Kieferwäldern und in der Elbaue. Der Duft der Kiefern in der heißen Mittagsglut eines Hochsommertages steigt noch immer in die Nase, sobald die Erinnerung an Hohenwarthe wach wird. Was hier erzählt werden soll, hängt aber mit den Resten alter Elbmäander zusammen, von denen es einige in der Elbaue gibt. Einer der Tümpel, in einem Kolk eines Mäanders, hieß bei uns der Eriesee. Im Eriesee badeten wir und auf dem Sandstrand, der auf der Gleithangseite lag, wurde Kaffee getrunken und der selbstgebackene Kuchen gegessen – am besten schmeckte immer der Bienenstich und von ihm besonders die Stellen, wo eine Butterflocke eingesunken und in deren Mulde die Mandel-Zuckerauflage mit der Butter zusammengeflossen war.

Während wir Kaffee tranken und vom Baden und Ballspielen ausruhten, kam eine Frau mit einem Korb, raffte die Röcke hoch und ging ins Wasser. Mit einem Griff holte sie sehr gezielt etwas aus dem Sandgrund und tat es in den Korb. Die Neugier trieb mich nochmals ins Wasser und ich beobachtete, wie die Frau mit den Füßen tastete und dann eine Flussmuschel heraufholte. Das dumpfe Unverständnis trieb zur Frage an die Mutter, warum die Frau Muscheln einsammele. Meine Mutter wandte sich an die Fremde und erhielt zur Antwort, dass die Muscheln an die Hühner verfüttert würden, weil sie die Eierproduktion beförderten. Da stellte sich mir wieder dieses Gefühl ein, das mit Unbehagen oder innerer Sprachlosigkeit nur annähernd beschrieben ist. Die grobe Missachtung der Natur, der willkürliche Umgang mit ihrer Vollkommenheit und das Menschenunwürdige solchen Handelns verursachten eine Stimmung, die unreflektiert blieb, sich aber unauslöschlich der Erinnerung einprägte. Ich bat die Frau um eine Schale – selber holte ich keine Muscheln herauf, obwohl ich sie von nun an tastete und innerlich meinen Naturgott bat, dass die Frau gerade diese nicht finden möge. Sie versprach, an einem der folgenden Sonntage eine geleerte Schale mitzubringen, was sie tatsächlich tat. Ich hielt also kurz darauf eine geleerte Schale in der Hand und fühlte Trauer und Wut in meiner Seele aufsteigen. Von da an habe ich es strikt abgelehnt, den Eriesee noch einmal zu besuchen. Die Eltern haben das nicht verstanden und mein Geheul und Getobe, wenn es zum Eriesee gehen sollte, wurden zwar nicht bestraft, aber als weiteres Zeichen der Unerziehbarkeit ihres Sohnes gewertet. Die Schale lag noch Jahre auf dem Dachboden versteckt, wurde oft angeschaut, wenn diese Stimmung Platz griff, aber nie wieder berührt.

In einer dritten Situation ging die Geschichte nicht so friedlich aus, aber auch das soll erzählt werden.

Die väterliche Familie, so wurde schon berichtet, stammte aus dem Eulengebirge, wo das großelterliche Haus neben der Grenzbaude stand. Onkel Hans bewirtschaftete die Hindenburgbaude, die im Adlergebirge bei Grunwald liegt, dem höchsten Dorf Preußens. Die Gemarkung Grunwalds grenzt am Kamm des Gebirges an die damalige Tschechoslowakei. Die Hindenburgbaude war vor dem zweiten Weltkrieg das Ziel der Reisen in die Sommerferien.

Onkel Hans war ein charakteristischer Göbel, der cholerisch aufbrausen, ja auch toben konnte. Seine Frau Herta, mit der er wohl eine unglückliche Ehe oder vielleicht auch gar keine Ehe führte, hatte kohlschwarze Haare, einen dunklen Teint und war eine sehr schöne Frau. Sie umsprangen große weiße Hirtenhunde, die sie wohl hielt, weil sie keine Kinder hatte. Eines Tages gab es eine Kusine, die sie adoptiert hatten und von Tante Hertha abgöttisch geliebt wurde. Auch ich liebte Beatrice. Wir hörten oft versunken der Zitherspielerin Zitta zu, die in der Baude als Kellnerin arbeitete und sonntags am Nachmittag für die Kaffeegäste Zither spielte. Die wehmütige Stimmung wurde durch die blonden Haare, die braunen Augen und den vollen Mund von Beatrice, die damals sechs Jahre alt gewesen sein mag, noch verstärkt und schürte in mir den Wunsch, Beatrice ein Geheimnis zu zeigen.

In der Mauer, die die Terrasse der Hindenburgbaude einfasste, war eine Fuge an einer Stelle herausgebröckelt, in der eine Zauneidechse wohnte. Hierin ging ich mit Beatrice und wartete, bis die Zauneidechse ihr Köpfchen aus der Spalte steckte – ich nahm an, dass Beatrice ebenso von diesem Ereignis ergriffen sein würde wie ich. Das war nun leider nicht der Fall. Beatrice fand das Warten langweilig und die Eidechse interessierte sie nicht. Vielmehr zeigte sie sich tief enttäuscht, weil sie wohl auf eine ganz andere Art von Wunder gehofft hatte. Das innige Verhältnis, das ich zu Beatrice entwickelt hatte, endete in diesem Augenblick und Weltschmerz und Wehmut über ein gefühlloses Menschenherz überkamen mich. Aber damit ist die Geschichte noch nicht vorbei.

Einige wenige Tage später kam Onkel Hans mit Gebrüll und hochrotem Kopf auf mich zugestürzt, packte mich am Kragen und zog mich zum Loch in der Terrassenmauer. Da lag die Zauneidechse reglos und tot. Sie war erschlagen worden. Onkel Hans wusste, dass das nur auf das Konto des Schwererziehbaren gehen konnte und verprügelte ihn als den mutmaßlichen Missetäter. Ob Beatrice etwas damit zu tun hatte, habe ich nie erfahren und ich habe den Gedanken, dass es so sein könnte, bis heute abgewiesen. Aber woher hätte Onkel Hans die Zauneidechse sonst kennen sollen?

Die Prügel waren nicht so schlimm, körperliche Schmerzen habe ich immer gut ertragen, aber für einen Menschen gehalten zu werden, der die heiligen Wunder der Natur entweiht, war bitter. Diese Wunde hat lange nicht heilen wollen. Verziehen habe ich Onkel Hans erst in den sechziger Jahren, als ich ihn als alten Mann noch einmal in Bayern gesehen habe und seine innere Armut erschütternd real vor dem Blick stand.

Damals, als Acht- oder Neunjähriger, sann ich auf Rache, und dieser Rachedämon, der das Kind überfiel, hätte vielleicht tödliche Folgen gehabt, wäre ich zehn Jahre älter gewesen. In der folgenden Nacht ging ich zum Loch der Eidechse und habe Rache für ihren Tod geschworen. Mit einem Stein wurde die Scheibe des Beckens zertrümmert, in dem die Forellen schwammen, die die Mittagsgäste für ihre Mahlzeit aussuchen konnten, denn die mussten sowieso sterben. Am nächsten Morgen lagen die Forellen tot auf der Terrasse und niemand ist auf die Idee gekommen, dass das meine Rache war. Niemand. Leider, ich hatte es gehofft.

Dabei hat die Tatsache, dass die Forellen ebenso Geschöpfe Gottes waren wie die Zauneidechse, offenbar keine Rolle gespielt, denn mit ihnen war ich nicht befreundet. Als Täter nicht entdeckt worden zu sein hat mich tief beschämt – noch lange hoffte ich inständig, dass es herauskommen möge und habe jeden Morgen Onkel Hans angeblickt in der Erwartung, er würde den Zusammenhang begreifen. Auf die Idee, mich als Täter zu erkennen zu geben, bin ich nicht ein einziges Mal gekommen. So habe ich erst ein Jahr vor dem Tode des über neunzigjährigen Onkel Hans die Wahrheit gesagt. Aber er konnte sich an den Vorfall mit der Zauneidechse und den Forellen nicht mehr erinnern und blieb verständnislos.

Zu der Kröte, zu den Muscheln und der Zauneidechse gehören noch die Schnecken, die im Halbmagerrasen der Hohlen Graupe lebten und nach jedem Regen reichlich zu finden waren. Gelbe und schwarze Streifen zogen sich über die Spirale der Schneckenhäuser, mal schmale, mal breitere schwarze Linien, auch ganz gelbe Exemplare gab es, und der Reichtum wuchs mit der Zahl der gefundenen Exemplare. Alle wurden sie sorgfältig in der Tasche verstaut, wollten aber immer wieder entfliehen, wie das bei Schnecken üblich ist. Und so verlangte ich als Sechsjähriger von der Mutter, dass sie die rechte Hosentasche so mit Druckknöpfen benähen möge, dass keine Schnecke mehr während der Nacht der Hosentasche entfliehen könnte. Die Mutter hat die Druckknöpfe tatsächlich angenäht, aber die Schnecken waren trotzdem an jedem Morgen verschwunden, und die Mutter hat von einem guten Geist der Schnecken gesprochen, der ihnen in der Nacht die Freiheit schenkt. Dafür hatte ich tiefes Verständnis, und ich war dem guten Geist der Schnecken von Herzen dankbar, dass dieser meine Sammelleidenschaft auf so gute Weise täglich wieder ausglich. Aber auf die Idee, keine Schnecken mehr zu sammeln, bin ich nicht gekommen.

Diese seelischen Grundstimmungen bezeichneten mein Verhältnis zur Natur in der Kindheit. Eine alte Beziehung hat sich da gezeigt, die in Metamorphosen die Biographie durchzieht, wie noch zu erzählen sein wird.

In Gnadau

> Ringel, Ringel Rose,
> wo liegt Frohse?
> Hinter Salz- und Schönebeck
> Essen die Leute Klump mit Speck,
> kikeriki, kikeriki, es ist ja noch so früh.

Das war ein Abzählreim, der eine gewisse geographische Verwirrung bei mir ausgelöst hat. Hinter Bad Salzelmen und hinter Schönebeck liegt nämlich Gnadau und nicht Frohse. Jedenfalls habe ich das damals so gesehen. Die Verwirrung hängt damit zusammen, dass ich alles, was mir ein Erwachsener sagte und alles, was ich sonst hörte, als die lautere Wahrheit erlebt habe. Und da die durchaus verehrte Großmutter diesen Abzählreim hin und wieder beim Spielen benutzte, war der Inhalt mit dem Fluidum der Wahrheit umstrahlt. Und nun fuhr der Vater mit seinem Ältesten per Eisenbahn durch Schönebeck und hinter Schönebeck kam Gnadau und nicht Frohse, die Endstation der Reise. Das erzeugte eine tiefe Verunsicherung, die sofort zu Reaktionen führte, die der Vater völlig missverstand. Dass hier das kindliche Vertrauen in das Wort der Erwachsenen zerstört wurde, woher hätte es der Vater wissen sollen? Er hat es nicht wissen können.

Ich wurde bei der befreundeten Familie Sandau in Gnadau abgeliefert, womit ich vorher vertraut gemacht worden war. Sandau's hatten zwei Kinder, die zu mir gleichaltrige Maria und Jürgen, der zwei Jahre jünger war. Den Grund für die Unternehmung kann ich nur nachträglich erahnen. Meine Mutter wird wohl im Krankenhaus eine Totgeburt oder ähnliches gehabt haben, und so wurde ich als der schlimmste der drei Söhne aus dem Haus gegeben, und die beiden jüngeren blieben wohl bei der Großmutter.

Gnadau ist eine Gründung der Herrenhuter Brüdergemeinde, worauf ja auch der Ortsname hinweist. Sandau's waren Anthroposophen, und Herr Sandau war einer der beiden Lehrer, die an der Gnadauer Volksschule unterrichteten. Mit dem Internat und dem

Gymnasium der Herrnhuter hatten Sandau's nichts zu tun. Die Gnadauer Volksschule hatte zwei Klassenzimmer und darüber lag die Lehrerwohnung. Gegenüber war eine Bäckerei, in der mit gewaltigen Maschinen Gnadauer Brezeln hergestellt wurden. Der Bäcker hatte eine Tochter in meinem Alter, mit der ich viel lieber spielte als mit Maria, geschweige denn mit dem kleinen Jürgen. Mit kleineren Jungen spielte ich prinzipiell nicht.

In der Nähe von Gnadau, das am Rande der Elbaue liegt, gab es Teiche, wohl Altwässer der Elbe, die mit einem hohen Gelege umgeben waren, und nur im Osten eines dieser Teiche war eine gelegefreie Sandfläche, von wo aus man baden konnte. Vor allem aber konnte man die Haubentaucher und ihre Tauchmanöver beobachten. Ich habe nicht ein einziges Mal richtig vorhergesehen, wo sie wieder erscheinen würden, was ich als großen Mangel an mir selber empfand. Zwei tauchten einmal gleichzeitig und als sie – wie immer an einer unerwarteten Stelle – wieder auftauchten, hatten sie Grünzeug im Schnabel und mit lang gereckten Hälsen schwammen sie aufeinander zu, so dass es mir schien, als wollten sie sich Geschenke machen. Das hat mich tief beeindruckt, weil ich den Grund für dieses Ritual nicht durchschaute. Aber noch etwas Weiteres am Verhalten der Haubentaucher wurde zur unbeantworteten Frage. Ich hatte sie, (ein einziges Mal) vom Sandstrand her ins Wasser streben sehen, und da liefen sie nicht wie Vögel, deren Beine ja senkrecht unter dem horizontal getragenen Rumpf stehen, sondern ähnlich wie Menschen, denn der Rumpf stand auch senkrecht und das verwunderte mich sehr. Ich spürte instinktiv, dass ich von Erwachsenen keine Antwort auf solche Fragen erhalten würde und wusste auch keinen Erwachsenen, der solcher Fragen würdig gewesen wäre. Dann waren mir solche Fragen auch heilig. Offenbar hat man es mir immer angesehen, wenn solche Fragen in mir grübelten und ich keinen Blick in die eigene Seele zuließ, denn bald galt ich als verstockt.

Vor keinem meiner Besuche am Teich sagte ich, wohin ich ging. Nachdem ich bei einem dieser Ausflüge ein kleines und merkwürdiges Wesen im Wasser gesehen hatte, nahm ich beim nächsten

Mal ein Einweckglas mit, um dieses Wesen zu fangen. Es glückte mir tatsächlich, und als ich damit in der Sandau'schen Wohnung auftauchte, wurde Herrn Sandau klar, wo ich meine Zeit verbrachte. Die Vorhaltungen und die Schilderungen möglicher Gefahren, die ja bestehen, wenn ein kleiner Junge ausreißt, um schließlich im Teich zu ertrinken, waren unerträglich und wurden wie immer von meiner wachsenden Wut über dieses vollständige Unverständnis der Erwachsenen begleitet. Solche Klagen machten mir mit aller Deutlichkeit bewusst, dass ich niemals auch nicht eines der geheimnisvollen Wunder verraten würde, an denen die Natur mich teilnehmen ließ.

Aber Herr Sandau war auch Lehrer, und so endete die Affäre in einer längeren Schilderung – jedenfalls erinnere ich es so – über das Leben der Libellen. Wie die Larven dieser merkwürdigen Flügelakrobaten im Wasser räuberisch leben, um sich daraus bunt-metallisch schillernd in die Luft zu erheben. Ich erklärte meinem Gastherrn dezidiert, dass ich mir das nicht vorstellen könnte. Aber meine Neugier war geweckt! Um keinen Preis der Welt durfte die Libellenlarve wieder ausgesetzt werden, wie Herr Sandau es ursprünglich verlangt hatte, und die Gasteltern ahnten, dass der zu erwartende Wut- und Zornausbruch, falls sie die Larve wieder aussetzen würden, sehr viel schlimmer zu ertragen wäre als eine schlüpfende Libelle. So durfte ich die Larve schließlich behalten und nahm sie mit in das Zimmer, in dem ich schlief. Herr Sandau machte mir nun mit einer gewissen Eindringlichkeit klar, dass die Larve etwas zu essen benötigte. Was sollte ich nun tun? Mit tiefer Scham und in gedrückter Stimmung fragte ich Herrn Sandau, womit ich sie füttern müsste. Er empfahl Kaulquappen. Dieser Vorschlag erzeugte wieder eine Dumpfheit in meiner Seele, die alles Nichtwissen über die Natur in mir hervorrief. Ich habe die Larve noch eine Nacht behalten und sie dann, ohne ihr ein anderes Wesen zu opfern, ihrem Element zurückgegeben. Das anschließende Lob von Herrn Sandau war furchtbar, weil er den Grund nicht durchschaute.

Aber ich habe Herrn Sandau doch noch einmal nach dem Leben der Libellen gefragt, weil ich nicht verstehen konnte, wie aus dem

Wasser etwas kommen sollte, das sich in die Luft erhebt. Da schilderte er mir, wie die Larve weiß, wann sich die Libelle aus ihr befreien will. Dann klettert sie an einem Schilfhalm aus dem Wasser in die Luft empor, hält sich am Schilfhalm fest und die Libelle kann ihrem Larvengefängnis entsteigen und davonfliegen. Das klang zwar befriedigend, aber ich konnte es immer noch nicht glauben. Und so riß ich erneut aus um zum Teich zu gehen und die leeren Larvenhüllen zu suchen. Ich fand tatsächlich eine. Da stieg in meiner Seele Freude, ja Begeisterung auf und ich wusste, dass ich die Wahrheit gehört hatte. Sogleich nahm ich Herrn Sandau in meine Seele auf und hütete dessen Rede ebenso in meinem Herzen, wie ich die Larvenhülle als Heiligtum bewahrte. Herr Sandau starb noch im selben Jahr. Bei der Trauerfeier hatte ich das Gefühl, in ihm einen Freund gewonnen zu haben, der mir niemals mehr genommen werden konnte. Ob dieses Glücksgefühls jubelte ich auf dem Friedhof zum Entsetzen der Eltern.

Mein Freund Willi

Der Vater hatte sein Atelier «Auf der Schanze», die die offizielle Bezeichnung «Zwischenwerk IIIb» trug. Magdeburg war nach seiner Zerstörung durch Tilly 1632 im 17. und 18. Jahrhundert mit einem Festungssystem umgeben worden, das sich von der Elbe her wie ein Halbkreis um die Stadt legte und sich in Haupt- und Zwischenwerke gliederte. Nachdem Schanzenanlagen durch die Fortentwicklung der Kriegstechnik sinnlos geworden waren, wurden zuerst die Zwischenwerke und später auch die Hauptwerke aufgegeben. Die Guttempler kauften das Zwischenwerk IIIb, um hier zu siedeln. Ihr Hauptgebäude stand auf einem künstlich aufgeschütteten, quadratischen Hügel von etwas mehr als 10 Metern Höhe. Von hier aus blickte man nach Westen auf einen Sportplatz und nach Osten auf einen Spitzahornhain. Im Norden standen Baracken, in denen sich auch das Atelier meines Vaters befand, während sich im Süden die Otterslebener Feldmark anschloss. Die Zufahrt kam von

Norden, an ihr lagen die Grundstücke und die Villen der Guttempler. Es waren Flachdachvillen, die, wenn die Erinnerung nicht trügt, von einem Architekten des Dessauer Bauhauses entworfen worden waren. Aber die Guttemplergilde gab es nicht mehr, die NS-Zeit war angebrochen.

In Lemsdorf gab es in der Wernigeroder Straße ganz am Ende, wo es zur Hohlen Graupe ging, ein Milchgeschäft. Die Milchfrau hatte einen schwachsinnigen Sohn Willi, der am Morgen den größeren Handwagen zog, mit dem sie ihre Kunden belieferte. Es gab lose Milch und Flaschenmilch. Meine Mutter kaufte Milch in Flaschen, die mit einer Aluminiumhaube verschlossen waren. Willi stellte unsere beiden Flaschen von der Straße her durch den wilden Wein auf die Mauer.

War ich in der Nähe, versteckte ich mich, um zuzusehen, wie Willi die Flaschen mit immer derselben vorsichtigen Handbewegung auf der Mauer positionierte: mit der Linken schob er den Wein zur Seite, mit der Rechten stellte er die Flaschen auf den Sims, nachdem er sie über eine Querstrebe gehoben hatte. Das ging langsam, ja schleppend, aber die Bewegung wurde in einer solchen liebevollen Zartheit ausgeführt, dass sie immer wieder aufs Neue meine Bewunderung fand. Ja, ich liebte Willi deswegen, obwohl eine mir sonst fremde Scheu verhinderte, dass ich mich ihm jemals gezeigt hätte. Und wenn dieser dann den breiten Gurt wieder über die Schulter legte und mit schweren Schritten dem Wagen seiner Mutter nachzog, überkam mich jedes Mal eine tiefe Schwermut, bei der ich fühlte, dass sich das Wesen Willi's in diesem Schicksal offenbarte.

Willi hatte in jedem Sommer eine bedeutende Aufgabe, wenn der Kleingärtnerverein das Sommerfest für die Kinder veranstaltete. Es begann mit einem Umzug durch die Straßen von Lemsdorf, der in jenem Spitzahornhain an der Schanze endete, wo unter den Bäumen Zelte errichtet waren, Bänke und Tische standen und Limonade und Gnadauer Brezeln verteilt wurden. Hier konnten die Kinder zusehen, wie der große, aus Papier gebastelte Heißluftballon sich in den Sommerhimmel erhob, was von Liedern begleitet wurde.

Diese Prozession zur Schanze führte Willi immer mit feierlichem

Ernst an. Er hatte eine große Trommel über der Schulter hängen und schlug den Takt, nach dem wir liefen. Das machte er mit solcher Hingabe in einer geradezu religiösen Stimmung, dass ich ihn bewunderte und mir wünschte, auch einmal eine solche Aufgabe im Leben erfüllen zu dürfen. Und so hatte sich auch Willi einen Platz in meinem Herzen erobert.

Eines Tages war Willi verschwunden; seine Mutter gab das Milchgeschäft auf und erhängte sich. Die Nazis hatten ihn umgebracht. Das habe ich erst nach dem Kriege erfahren. Aber die Eltern mussten es gewusst haben, denn alle Fragen nach Willi blieben unbeantwortet, worauf sich die auch sonst oft empfundene dumpfe Taubheit in meiner Seele einstellte, wenn ich an ihn dachte.

Die Mittelschulzeit: Kriegsbeginn

Schaue ich auf diese Jahre zurück, so will es mir scheinen, dass für mich die Kindheit endete, als ich zehn bis elf Jahre alt war. In diese Zeit fällt ein großer Einschnitt, der sich über ein Jahr hinzog. Es begann damit, dass ich die Schule wechseln sollte. Danach wurde ich in das «Jungvolk» aufgenommen, einer Kinderorganisation der NSDAP. Der Einschnitt endete mit dem Kriegsausbruch. Aber der Reihe nach.

Nach der vierten Klasse entschied sich für alle Kinder, ob sie auf der Volksschule zu bleiben oder die Schule zu wechseln hatten. Meine Eltern wollten mich auf ein reformiertes Gymnasium bringen, weil es in Magdeburg keine Waldorfschule gab. Eine Waldorfschule wurde in Magdeburg erst nach der Wende gegründet.

Von diesem Zeitpunkt an wurde ich mit der Realität der Zeit konfrontiert. Das Paradies der Kindheit war vorbei. Der Versuch, mich auf das Gymnasium zu bringen, hatte das Bestehen einer schriftlichen Prüfung zur Voraussetzung, die wieder die graue Dumpfheit in meiner Seele aufsteigen ließ. Ich beugte mich dem Zwang und ging in einem Dämmerzustand und grau im Herzen mit dem Vater zur Prüfung in diese Schule. Meine Leistung muss so katastrophal gewesen sein, dass ich die Prüfung – im Gegensatz zu allen anderen, die ebenfalls durchgefallen waren – nicht einmal wiederholen durfte. Das enttäuschte Gesicht des Vaters anzusehen war schrecklich und mir dämmerte, dass ich die Ursache dieser Enttäuschung war. Tränen kullerten über das Gesicht vor Scham, dem Vater solches zugefügt zu haben. Mein Vater wird es auf das Durchfallen bezogen haben, aber das war es nicht. Das Durchfallen betäubte die Seele und machte sie fühllos, aber zu Tränen rührte die Trauer des Vaters.

So kam ich in die 5. Mittelschule in Sudenburg. Mein Verhältnis zum Vater, das bis dahin mehr von Ehrfurcht erfüllt war, bekam eine neue Note durch den Schmerz und die Trauer, die wir gemeinsam erlitten hatten. Ich näherte mich meinem Vater seelisch und fing an, ihn mehr zu lieben als zu verehren. Deshalb besuchte ich ihn nun öfter in seinem Atelier, besonders nach der Schule fuhr ich mit dem Fahrrad auf die Schanze, um ihm bei der Arbeit zu zu sehen. Ich empfand Stolz auf das Können des Vaters, aber nicht nur wegen der entstehenden Werke, sondern sehr viel mehr noch über die Berge von Spänen, die der Vater beim Schnitzen produzierte. Oft ging ich mit Wohlgefallen durch die Späne, auf die man weich und milde trat und die alle Produkte der väterlichen Arbeit, Produkte seines unermüdlichen Fleißes und seiner Schaffenskraft waren. Ging es dann gemeinsam zum Mittagessen oder meist zum Abendbrot, holte der Vater Besen und Schaufel, fegte die Späne zusammen und füllte sie in Säcke, die hinter dem eisernen Ofen zu einem großen Berg gestapelt wurden: im Winter dienten die Späne als Brennmaterial. Dies erfüllte mich zwar mit einem Anflug von Trauer, aber ich habe trotzdem nie darum gebeten, die Späne liegen zu lassen. Stattdessen habe ich an den Säcken gerochen und der Duft des Lindenholzes oder des Eichenholzes, die sich so charakteristisch unterschieden, rief ein ähnliches Wohlgefühl hervor wie der Tritt auf die Späne.

Der Vater war ein Original. Er hatte einen Hut mit breiter Krempe auf, wenn wir nach Hause gingen. Dazu trug er eine ziemlich große Fliege und einen Blauen Anton, wie die Arbeitskleidung hieß; seine Füße steckten in Holzpantoffeln. Ein Schnurrbärtchen vervollständigte den Aufzug. Den Lemsdorfer Kindern war diese Erscheinung wohlbekannt. Und oft erklang eine Kinderstimme, die auf Magdeburgisch sagte: «Maler Jöbel hasse nich en Bollchen for mich?» Und er hatte immer eins, das er durch einen Seitenschlitz im Blauen Anton aus der Hose holte. Dann hielt er das Bollchen in die Höhe und frug: «Was sagt man da?» und auf das «Ich danke Dich» wurde es auch überreicht.

Im Dreißigjährigen Krieg soll ein Kroatenregiment in Magdeburg hängen geblieben sein – die Sprache der Stadt trägt noch Reste davon, auch die Verwechslung von mir und mich gehört dazu. Denn «mir und mich verwechsl ich nich das kommt bei mich nich vor». Alte Magdeburger Namen sind kroatisch, zum Beispiel Lapzyna oder Vrbskyv. Die Eltern sprachen Hochdeutsch und legten Wert auf eine gepflegte Aussprache.

Der Dienst im Jungvolk

In diesem Jahr des Umschwungs von der Kindheit zur Jugend wurde ich auch ins Jungvolk aufgenommen. Das ereignete sich verwaltungsmäßig und unpersönlich mit einer Selbstverständlichkeit, die zumindest in der Kinderseele als unumstößliches Faktum empfunden wurde. «Dienst», so hieß die Teilnahme, war mittwochs und samstags am Nachmittag. Der erste Dienst begann an einem Mittwochnachmittag, wovon die Eltern schriftlich benachrichtigt wurden. Gleichzeitig wurde in diesem Schreiben die Uniform vorgeschrieben und die einzelnen Stücke aufgezählt. Das waren eine schwarze kurze Hose, die von einem Lederkoppel mit Einhakmetallverschluß gehalten wurde, auf dem – wenn ich mich nicht irre – «Für Führer, Volk und Vaterland» stand. Die Schrift zog sich um einen Adler mit Hakenkreuz. Zum Koppel gehörte ein Schulterriemen, der über dem Braunhemd zu tragen war. Zum Hemd gehörte ein schwarzes Halstuch, das von einem aus Leder geflochtenen Knoten gehalten wurde. In dieser Aufmachung hatte man zum Dienst zu erscheinen. Sobald man die Uniform anhatte, war man in eine strenge hierarchische Ordnung eingebunden, auch seinem Anführer zum Gehorsam verpflichtet. Jeder war einer Jungenschaft zugeordnet, deren Jungschaftsführer eine weiß-rote Schnur trug. Drei Jungenschaften ergaben einen Jungzug – den Jungzugführer erkannte man an der breiteren grünen Schnur – und vier Jungzüge bildeten ein Fähnlein: der Fähnleinführer trug eine grün-schwarze Schnur. Die Jungen aus Lemsdorf waren in einem Fähnlein vereint, das zusammen mit zwei weiteren Fähnlein aus Magdeburg-Reform einen Jungstamm bildete. Der Jungstammführer trug eine weiße Schnur und allen diesen kleinen Führern hatte man aufs Wort zu gehorchen. Ich erinnere mich nicht, solchen Befehlen einmal nicht gefolgt zu sein. Das war zu selbstverständlich etabliert und Befehlsverweigerung wäre weithin auf völliges Unverständnis gestoßen. Das war die Banalität in ihrer unentrinnbaren Notwendigkeit, die nun vollkommen dumpf machte, so dumpf, dass ich erst sehr spät, kurz vor Ende des Krieges aufzuwachen begann: Ich war ein taubstummer Gefangener dieses Systems. Ganz im Untergrunde muss in diesen Jahren doch ein Gefühl geblieben sein, dass das nicht die Welt war, in die ich hineinwollte. Ich sage das nicht, um meine Anpassung irgendwie zu entschuldigen, wirklich nicht. Ja, kein Kind in diesem Alter könnte sich einer Welt entziehen, die aus nichts weiter als aus Befehlen bestand, die alle Erwachsenen für selbstverständlich zu halten schienen. Und doch, als der erste Befehl über den Sammelplatz hinter dem Haus des Polizisten Schöndube über den Spielplatz mit der Sandkuhle schallte, war die Dumpfheit in der Seele da und das Gefühl, dass das eigene Wesen unter diesen Bedingungen stumm bleiben muss. Ging das den Erwachsenen auch so? Ich weiß es nicht. Jedenfalls erwächst heute aus der Erinnerung die Frage nach der Lösung dieses Rätsels: Unter welchen Bedingungen spricht die Stimme des Gewissens in jedem Falle und unter welchen Bedingungen wird sie zugedeckt? Das müssen innere Bedingungen sein, die gestatten, für diese Stimme, die aus dem Untergrund des eigenen Wesens tönt, wach bleiben zu können. Aber wodurch ist diese Kraft zu gewinnen? Kräfte wachsen durch Übung. Was ist zu üben? Das alles blieb verdeckt und als «Achtung» an sein Ohr drang, stand das Kind ebenso bewegungslos erstarrt wie alle anderen. Die Erwachsenen, die zusahen, schwiegen. Schatten fielen von nun an auf die Seele, das Licht des eigenen Wesens verdunkelnd, jedenfalls mittwochs und samstags am Nachmittag.

Was aus dieser Zeit aus der Öffentlichkeit zu erzählen ist, sind nur kleinere Dinge, da alles Persönliche und Private darin fehlte, oder sich vor dem Faktischen der Zustände zurückzog, das sich wie graue Watte über das öffentliche Leben legte und das Individuelle verdeckte ohne jedoch tragisch zu wirken, trotz seiner Allgegenwart. Tragisch waren ganz andere, nämlich seelische Dinge.

Der Einsiedlerkrebs

In der Altstadt von Magdeburg, wo die engen Gassen in die breitere Straße vor den Kasematten münden, gab es ein Fischgeschäft, in dem die Mutter einkaufte, wenn sie auch ins Reformhaus Ladebeck zu den Schwestern Ladebeck ging, um dort unseren Wochenbedarf zu decken. Mit beiden Schwestern waren meine Eltern wohlbekannt. Das Reformgeschäft Ladebeck lag in der Lödischen Hofstraße, die vom alten Markt her als schmale Gasse in das Straßenlabyrinth der Altstadt hineinführte. Die beiden Fräulein Ladebeck, altjüngferliche Damen, wurden geliebt, weil es in ihrem Laden immer so roch wie Weihnachten, und gehasst wurden sie, weil sie mit ihrem Lächeln und ihrer ewigen Freundlichkeit niemals etwas von dem wahrnehmen konnten, was ich für meine Wirklichkeit hielt, die ich tief in der Seele verbarg, obwohl ich trotzdem immer hoffte, die Eltern, die Lehrer, ja alle Menschen würden wissen, was in mir vorging, um mich zu verstehen oder gar zu lieben. Das war eine unreflektierte Hoffnung, aber sie begleitete mich immer dann, wenn ich durch meine Taten spürte, dass auch das Böse in mir seine Macht hatte. Die Fräulein Ladebeck nun repräsentierten geradezu das Unverständnis der Welt gegenüber meinen Empfindungen. Wenn sie mir eine getrocknete Banane schenken wollten, so nahm ich sie nicht an, was die Mutter überhaupt nicht verstand, da sie wusste, wie gerne ich sie aß und ich sie besonders gern im Ladebeckschen Reformhaus gegessen hätte, weil der Weihnachtsgeruch so wunderbar zur getrockneten Banane gehörte. Zorn und Verzweiflung über mich und die Welt, in die ich nicht passte, weil sie meine Stummheit nicht verstand, überwältigten mich. Ich heulte und tobte und die Schwestern Ladebeck, die es doch so gut gemeint hatten, bedauerten die arme Mutter. Das alles war verflogen, als wir im Fischgeschäft angekommen waren und mein Blick auf eine roh gezimmerte Kiste mit grünen Heringen fiel, die auf zwei Böcken stand und zwischen denen etwas lag, was mich vollständig fesselte.

Etwas nie Gesehenes lag da zwischen den Heringen, das mich wie ein Magnet anzog: Eine Schnecke, aber was für eine Schnecke! Aus ihrer Öffnung blickten zwei Augen auf langen Stielen, zwei Fühler bewegten sich rhythmisch und sehr langsam auf und ab. Gliederfüße hingen heraus, die bewegungslos nach unten hingen. Bei aller Faszination ergriff mich halbbewusst auch das Leiden dieser sterbenden Kreatur. Ich griff zu und hielt in der Hand, was mir eben noch ganz fremd gewesen war und doch schon vertraut, so vertraut, dass ich vergaß, nach dem Namen zu fragen, was ich auch später nie getan habe. Sollte ich damit davon laufen, der Impuls überkam mich, aber die Fischfrau hatte mich beobachtet und lachend sagte sie: «Das darfst Du behalten». Wieder ergriff mich das Zwiespältige meiner Empfindungen. Die Bemerkung der Fischfrau befriedete und war situationsgerecht, denn wer hätte mir das Tier wieder nehmen dürfen, aber aus ihrem Lachen trat das Graue, Lähmende wieder in meine Seele, denn es zeigte, dass ich nicht verstanden wurde. Kein Staunen war in diesem Lachen, kein tiefer Ernst, die beide in meiner Seele aufkeimten und, wie ich heute weiß, aus alter Zeit wieder neu entstehen wollten.

So bedankte ich mich nicht, obwohl meine Mutter es mehrfach von mir forderte. Aber da sie ihren Sohn kannte, bedankte sie sich für mich. Nun ging mir der Mund auf und ich sagte der Fischfrau, ich wolle alles haben, was außer den Fischen in den Holzkisten läge. Die Fischfrau lachte wieder und sagte, dass nichts außer den Fischen und diesem Wesen noch zu finden sei. Weil ich es nicht glaubte, wollte ich es prüfen. Das wollte die Mutter verhindern, aber die Fischfrau lachte immer noch und sagte, ich könne nur nachsehen und weiter nach Tintenfischen suchen, ich würde nichts weiter bekommen als schmutzige Hände. Tief wurde der Name Tintenfisch ins Herz geschlossen, wo er zum Namen eines heiligen Rätsels wurde, das erst sehr viel später sich noch einmal offenbarte. Das befriedigte mich tief und nun bedankte ich mich.

Die Mutter ahnte wohl, dass sie nicht fortkommen würde, bevor alle Kästen geprüft waren und sie ergab sich in ihr Schicksal, mit dem sie ja wirklich schwer geschlagen war. Die Fischfrau hatte Recht, ich fand weiter nichts. Auch mit den Händen hatte sie Recht, ich roch daran und sie stanken. Und so fasste ich Vertrauen zur Fischfrau und sie versprach mir, telefonisch Nachricht zu geben, sobald etwas anderes als Fische in den Kästen gefunden würde. Sie hat nicht angerufen und bei allen, ich meine mindestens drei weiteren Besuchen versicherte sie, nichts gefunden zu haben. Das stimmte traurig und von Mal zu Mal verwandelte sich das mächtige Erlebnis der Begegnung mit einem Einsiedlerkrebs – denn das war der Tintenfisch in Wahrheit gewesen – in die vorausgeahnte Enttäuschung, dass diese Begegnung eine einmalige bleiben würde.

Zuhause in Lemsdorf bewegten sich die Fühler nicht mehr und der Tod des Tintenfisch genannten Wesens erfüllte mich mit Jammer und Schmerz. Die Vergänglichkeit allen Seins überwältigte mich wochenlang während des Zerfalls dieses Königszeichens, das mir die Natur gezeigt hatte und das sie nun zurücknahm.

Die Eltern duldeten den Gestank nach mehreren Tagen nicht länger, sondern ließen mich den zerfallenden Einsiedler aus meinem Zimmer auf den Dachboden bringen. Ich habe ihn hin und wieder ins Wasser gesetzt, in dem hoffnungslosen Bemühen, ein Wunder zu erzwingen, von dem ich wusste, dass es sich nicht ereignen würde. Den Einsiedlerkrebs habe ich auf der Schanze hinter dem Sportplatz begraben: eine große Akazie diente als Denkmal für das geheimnisvolle Wesen. Den Eltern wurde niemals mitgeteilt, was aus dem toten Einsiedlerkrebs geworden war und die Mutter gab bald auf, danach zu fragen. Es war mir eine große Genugtuung, dass ich allein das Andenken an den Krebs bewahrte und nicht diejenigen, die das Wunder nicht erfahren hatten.

So sind dem Knaben in der Kindheit Tintenfische als Fehlbestimmung, Schnecken in der Hosentasche und Muscheln im Eriesee begegnet. Und was sich damit in der Kindheit ankündigte, wurde später Arbeitsinhalt.

Das Haus am Friedhof

Von Lemsdorf her in Richtung Sudenburg überquerte die Straße eine stillgelegte Eisenbahnstrecke, die früher eine Maschinenfabrik an das Verkehrsnetz angebunden hatte. Nun unterhielt die Stadtverwaltung auf dem Fabrikgelände ein Omnibusdepot und eine Station der Stadtreinigung. Hinter dem breiten grüngestrichenen Eisentor teilte sich die Zufahrtsstraße in einem stumpfen Winkel: nach rechts gelangte man auf der Siebenkurfüstenstraße zu einer großen Sportanlage, nach links verlief die Friedenstraße, die nach etwa einhundert Metern wieder nach rechts abbog und parallel zur Siebenkurfürstenstraße auf den Sportplatz zuhielt. Zwischen den beiden Straßen lagen Schrebergärten. Mein Schulweg führte durch die Friedenstraße, die gegenüber der Ambrosiuskirche in die Halberstädter Straße einmündete. Rechterhand war die Friedenstraße von einem Bretterzaun begrenzt, hinter dem die Schrebergärten lagen, und linkerhand stand eine vierstöckige Häuserzeile. Dort, wo die Schrebergärten endeten, lag der Eingang in einen Friedhof. Gleich daneben folgte ein kleines Haus mit einer Parterrewohnung und einem spitzen Giebel, der senkrecht gegen die Straße stand und oben im Giebeldreieck ein Fenster aufwies. Dieses Haus war leuchtend hellviolett angestrichen und die Fensterrahmen wie die Fensterumrahmung trugen eine dunkelviolette Farbe. Letztere war mit einem blauen Strich eingefasst. Jedesmal, wenn ich auf der Friedenstraßen entlang radelte, erschien der farbenfrohe Giebel in meinem Blick. Ich empfand zwar, dass ein so auffallender Anstrich neben einem Friedhof die Pietät verletzte, liebte aber diese Farben und konnte das Gefühl nicht abschütteln, dass ich selber mit diesen Farben verwandt sei. Das habe ich viele Jahre täglich erlebt, und es war mir lästig zu wissen, dass mich gleich das geschilderte Gefühl überfallen würde. Mit etwas innerlich verwandt zu sein, was so auffällig aus dem Rahmen fiel, beunruhigte mich in einer Stärke, die ich nicht ertragen wollte. Ich empfand, dass jedermann durch diese Farben in die eigene Seele blicken konnte. Sehr viele Jahre später fand sich die Erklärung. Ich war nach dem Kriege, nach dem Studium und der ersten Berufstätigkeit in der DDR nach Süddeutschland gekommen und hatte dort meine Mutter zum letzten Mal gesehen. Als ich ihr unter anderem auch diese Geschichte erzählte, wollten ihr die Tränen kommen. Der Vater hatte von der Stadtverwaltung noch vor der Nazizeit den Auftrag erhalten, die Farbgebung für dieses Gebäude, das zum Friedhof gehörte, zu bestimmen, die auch unter seiner Anleitung so ausgeführt worden war. Als Schulkind wusste ich das nicht.

Klugheit der Mutter und deren Folgen

In der Nähe von Lemsdorf befand sich ein Industriegelände, in dem Herr und Frau Dankert eine kleine Süßwarenfabrik betrieben. Mit Dankerts waren meine Eltern befreundet. Herr Dankert hat an den Malkursen teilgenommen, die der Vater in der Volkshochschule gehalten hat, und dabei haben sie sich schätzen gelernt. Auch später ist der Vater mit einigen Freunden sonntags zum Aquarellieren in die Natur gegangen. Der Schokoladenfabrikant Dankert und der Inhaber einer Lampenschirmfabrik, Herr Fricke, waren immer dabei. Dankerts wohnten in Magdeburg Reform, das man vom Stadtzentrum her auf der Leipziger Straße erreichte – am besten fuhr man mit der Straßenbahn, die die Vororte Reform und Hopfengarten an die Stadt angebunden hat. In Hopfengarten lebten Jordans, die jünger als meine Eltern waren, während Dankerts etwa gleichaltrig sein mochten. Herr Jordan kannte meinen Vater aus dem Magdeburger Zweig der Anthroposophischen Gesellschaft.

In der beginnenden Pubertät entfernte ich mich innerlich von meiner Mutter, deren Erziehungsversuche auch deutlich nachließen. Da sie ihren Sohn kannte, kalkulierte sie meine Reaktionen ganz richtig ein und verhielt sich entsprechend. Der hier berichtete Vorfall war möglicherweise nicht der eklatanteste, aber es war derjenige, welcher mir meine Lage im elterlichen Hause deutlich machte und mich in eine gewisse Hilflosigkeit versetzte.

Beim Mittagessen sagte die Mutter mit strengem Blick: «Dass Du mir heute nicht zu Dankerts gehst, das verbiete ich Dir ganz streng». Als ich bei Dankerts eintraf, sagte Frau Dankert, meine Mutter habe schon angerufen und sie gebeten, mir einen Korb voll großer grüner Äpfel mitzugeben. Wieder war das Graue da, das vorstellungsfrei und düster die Seele erfüllte. Die Mutter – das wusste ich – bekam jedes Jahr einen solchen Korb voller Äpfel von Frau Dankert, aus denen sie Apfelgelee kochte. Zu Hause lieferte ich die Äpfel wort- und blicklos ab, ging auf mein Zimmer und weinte tränenlos. Auch zu Hause war ich nun Verhältnissen ausgeliefert, die mir alle Lebenslust und alle Lebensfreude austrieben. So kam viel zusammen: Die kommandierende nivellierende Uniformität, die im Jungvolk herrschte, die Schule mit ihrer Grammatik, ihrer Wirtschaftsgeographie und der endlosen Paukerei englischer Vokabeln, mit denen ich nichts verbinden konnte, denn die reiche Welt meiner Erfahrungen hatte deutsche Namen, für die mir ein fremder Name als Kränkung erschien. Das alles erzeugte die Grauheit, die meine Seele trübe machte, und sie trübte sich nun auch zu Hause. Wo war ein Ausweg? Immer wenn ich in dieses Selbstmitleid verfiel, blieb mir nichts, was mich mit der Welt innerlich verband und wonach ich mich doch so sehnte. Mir kamen Selbstmordgedanken. Das verwarf ich zwar, aber Auswandern wollte ich, oder zumindest den Eltern zeigen, was es heißt, den Sohn verloren zu haben.

Und das habe ich dann auch ausgeführt, wenn auch erst bei der folgenden Tragödie. Ulrich, mein jüngerer Bruder, der die Aufnahmeprüfung in die Berthold-Otto-Schule glänzend bestanden hatte, wurde mir bei jeder Gelegenheit als leuchtendes Beispiel für einen wohlgeratenen Sohn vorgeführt. Eines Morgens reizte ich Ulrich so sehr, dass er die Scheuerbürste unserer Mutter nach mir warf: ich bückte mich rechtzeitig und sie flog gegen die Scheibe des

Aquariums, das ich vor noch gar nicht langer Zeit anzuschaffen durchgesetzt hatte. Die Scheibe zersplitterte, Wasser, Fische und Pflanzen ergossen sich über den Fußboden und Ulrich lachte. Er lachte wohl mehr aus Verlegenheit und Entsetzen als aus Spott. Ich fiel über ihn her, die Mutter rief sogleich nach dem Vater, weil sie schon länger nicht mehr die Kraft hatte, ihre Kampfhähne erfolgreich zu trennen. Aber Kampfhahn bezog sich immer nur auf den Ältesten, auch wenn sie im Plural redete. Jedenfalls verstand ich sie immer so. Der Vater verprügelte mich, schließlich war auch er ein Göbel, was zwar selten durchbrach, aber wenn, dann heftig. Und so versuchte die Mutter, Vater und Sohn zu trennen, denn nun tat ich ihr doch wieder leid. Ich rannte in den «Stall», wie der Schuppen auf dem Hof hieß, nahm tränenüberströmt mein Fahrrad und fuhr zur Schule. Dort kam ich etwas zu früh an, das große grüne Tor zum Schulhof wurde gerade erst vom Hausmeister geöffnet. Weil ein deutlich älterer Schüler, den ich bestenfalls vom Sehen auf dem Schulhof kannte, mit seinem Fahrrad an das Schutzblech meines Hinterrads stieß, brach ich eine Prügelei vom Zaune, die nicht besonders gut für mich ausging. Der andere war nicht nur älter, sondern auch um einen Kopf größer. Eine aufgeschlagene Lippe, ein blaues Auge und eine Platzwunde am Knie waren die Folgen. Dem Mitschüler war lediglich sein Pullover zerrissen worden. Dem Hausmeister war das Ganze gleichgültig, denn es spielte sich nicht auf, sondern vor dem Schulgelände ab. Der Klassenlehrer «Papa Schnell» übersah nicht nur meine Lädierungen, sondern er übersah mich überhaupt an diesem Tage.

Als ich zum Mittagessen nach Hause kam und mich die Mutter so sah, schlug sie die Hand vor den Mund und fragte: «Wer hat denn das gemacht?» Darauf antwortete ich: «Das war Dein Mann!» Möglicherweise hat sie das in diesem Moment sogar geglaubt. Aber als später die Mutter des anderen Schülers erschien und den Pullover ersetzt haben wollte, wurde das Ganze offenbar. Nun bezog ich vom Vater erneut Prügel, diesmal verdient, während meine Mutter mich keines Blickes würdigte und mich ohne Abendessen auf mein Zimmer schickte.

Erst einmal verbarg ich mich auf dem Dachboden. Als die Großmutter später nach mir sehen wollte, kam ich nicht aus meinem Versteck. Nun kamen die Eltern herauf und begannen ein Gespräch, das für meine Ohren bestimmt war. Sie wollten mich, das war das Resultat, nach der nächsten Untat in eine Erziehungsanstalt geben. Das traf mich tief und das Gefühl, von keinem Menschen mehr geliebt zu sein, wurde übermächtig und übertönte die Stimme des Gewissens, so dass das Bewusstsein von der eigenen Schuld an diesem Vorfall nicht mehr empfunden wurde. Das Schuldbewusstsein meldete sich erst einige Stunden später, aber da hatte ich schon unbemerkt das Haus verlassen und war mit dem Fahrrad davongefahren. In den drei Tagen, in denen ich fortblieb, schlief ich einmal unter einem Kaninchenstall, einmal in der Schule und schließlich bei einem Freund in Ottersleben. Den Schulbesuch habe ich an diesen Tagen fortgesetzt, was die Eltern wohl wahrgenommen haben werden. Mein Schuldgefühl wuchs über die drei Tage so an, dass es mich schließlich nach Hause trieb, wo ich wortlos und blind vor Scham und Schuld auftauchte und niemandem in die Augen sah.

Opa Bette

Über die Lehrer der Schule gibt es einiges zu berichten, obwohl ich nicht mehr an alle Lehrer Erinnerungen habe. Die deutlichsten Eindrücke haben Opa Bette und der Klassenlehrer, Papa Schnell, hinterlassen. Opa Bette, eine Bezeichnung, die auf ihn beleidigend wirkte, ist über die letzten Jahre der Schulzeit mein Biologielehrer gewesen, er war ein Original, aber auch ein Nazi. Als Biologielehrer habe ich ihn geliebt, aber wohl die Person mit dem Fach verwechselt. Im Rückblick scheint mir das ein bedeutendes Licht auf die pädagogische Aufgabe zu werfen, die ein Lehrer hat. Wenn ein pubertierender Schüler aus mitgebrachtem Interesse tiefer berührt wird, dient ihm der Lehrer als moralisch-fachliches Vorbild, unabhängig davon, ob er es tatsächlich ist und unabhängig davon, ob er es weiß oder nicht. Opa Bette wusste das sicher nicht. Er trat immer als völkischer Deutscher auf und behandelte die Biologie entsprechend. Die Rassen des Germanentums, die das deutsche Volk würdig repräsentieren, hatten wir mit ihren Rassemerkmalen auswendig zu pauken. Das hinterließ dunkle Gefühle und ging im wachen Bewusstsein an mir vorbei. Ich habe die Hintergründe nicht begriffen und bin deshalb unschuldig geblieben. Ganz anders war es, wenn z.B. die weiße Taubnessel behandelt wurde. Hier war ich innerlich Feuer und Flamme, die sich am Kranz weißer Lippenblüten in den Blattachseln dieser Pflanzenart entzündete und eine innere Bewunderung, ja ein Gefühl der vollen Hingabe in der Seele erzeugte, im Sinne einer Adventstimmung, in der die kommende Zuwendungen zu den Wundern der Pflanzenwelt vorausgeahnt wurde. Und da war Opa Bette eben der der Sache nach zu verehrende Vertreter der Natur, durch die sie sich offenbarte. Es war schon im Krieg, etwa in meinem 13. Lebensjahr, als die weiße Taubnessel behandelt wurde. Das mündete in die Aufforderung, für einen nicht mehr erinnerlichen Zweck, die Blüten dieser Art zu sammeln. Das habe ich mit Begeisterung gemacht und heute vermute ich, dass Opa Bette diese Begeisterung für eine politische gehalten haben mag, denn er hat mich außerordentlich milde behandelt und mir die Streiche nicht zugetraut, die ich allein wie auch mit anderen verübt habe. Dafür war Opa Bette das geeignetste Objekt der ganzen Lehrerschaft.

Wenn Opa Bette zum Unterricht erschien, stürzte er ins Klassenzimmer und alle hatten aufzuspringen und neben der Bank stramm zu stehen. Danach stellte er sich hinter dem Stuhl des Lehrertisches auf, hob die Hand zum Hitlergruß und brüllte: «Heil Hitler Jungs!» Darauf hatte die Klasse mit «Heil Hitler, Herr Bette» zu antworten. Nun hatte er an der rechten Hand den Zeigefinger, Ringfinger und kleinen Finger insofern verkrüppelt, als er sie nicht gerade ausstrecken konnte, weshalb der Hitlergruß sehr komisch wirkte. Wer vorgeschlagen hat, ebenfalls mit dieser Geste zu antworten, weiß ich nicht mehr. Jedenfalls wurde das ausgeführt, die ganze Klasse repetierte den Hitlergruß mit gekrümmten drei Fingern. Beim dritten oder vierten Mal erst hat er es bemerkt, als auch die nicht ganz so mutigen Klassenkameraden mitmachten und die tapfersten bereits alle Finger krümmten und dazu grinsten.

Da kamen Opa Bette die Tränen. Unter Tränen und im wehmütigen Trauerton erzählte er, wie er sich im Chemieunterricht aufopfernd die Hand so verletzt habe, dass seine Verkrüppelung zum Symbol seiner Hingabe an die Erziehung der deutschen Jugend geworden war – jedenfalls in seinem Selbstverständnis. Das wirkte ziemlich, denn die Klasse war gewohnt, dass er explodierte, wenn Schabernack mit ihm getrieben wurde. Soweit ich mich erinnere, hat die Sache keine weiteren Folgen gehabt. Die Streiche aber, die fast in jeder Stunde stattfanden, hörten nicht auf.

So hatten wir die Aufgabe, Linsen im Blumentopf zu säen und in jeder Biologiestunde wurde der Wachstumsfortschritt von ihm besprochen. Diese Linsen waren in gewisser Weise sakrosankt.

In jedem Schuljahr wurden in den allermeisten Fächern mehrere Klassenarbeiten geschrieben und dafür gab es besondere Hefte, die im Klassenschrank aufbewahrt wurden. Dieser Klassenschrank war knapp mannshoch und hatte oben im Abstand von etwa 30 cm ein Brett, das lose auf Zapfen in den Seitenwänden auflag, darunter ließ sich der Schrank mit Türen schließen. Im unteren Teil lagerten damals Gymnastikgeräte, Keulen, Hanteln und Bälle. Es stand eine Klassenarbeit in Biologie an und Opa Bette hatte in keiner Weise angedeutet, was das Thema sein würde; das war sonst bei ihm üblich. Darauf wurde beschlossen, diese Arbeit zu verhindern. Helmut P. hatte als Primus den Schlüssel zum Klassenschrank zu verwalten und da er sich weigerte zu behaupten, er habe ihn vergessen, musste also nicht nur der Schlüssel, sondern auch Helmut schnell verschwinden. Wir sperrten ihn im Klassenschrank ein, der Schlüssel wurde im Linsentopf vergraben.

Opa Bette erschien, als die ganze Aktion gerade zu Ende gekommen war, und nach dem obligatorischen Gruß rief er: «Schüler P., hol' die Klassenhefte». Auf seine Nachfrage wurde erklärt, dass der Schüler P. nicht zum Unterricht erschienen sei, der Schlüssel fehlte, die Hefte nicht zur Verfügung stünden – und so scheiterte die

Klassenarbeit. Der arme Helmut stand sehr unbequem im Schrank und es blieb ihm nichts übrig, er musste seine Lage ändern und sich bewegen. Dabei stieß er mit dem Kopf an das Brett über ihm, das von der Auflage rutschte, und das im Schrank ausbrechende Getöse brachte Opa Bette auf die Beine. Er brüllte: «Wo ist der Schlüssel?» und Helmut schrie im Schrank: «Nicht hauen, Herr Bette, nicht hauen!» Jemand sagte: «Der Schlüssel steckt im Linsentopf», worauf Opa Bette den Topf auf den Boden feuerte und sich der Schlüssel zeigte. Helmut schrie immer noch: «Nicht hauen», als Opa Bette die Tür aufbrach und unser Primus aus dem Schrank und unter Opa Bettes Armen hindurch stürzte. Er verschwand durch die Türe hinaus und wurde für diesen Tag nicht mehr gesehen.

Der Tag, als der Krieg ausbrach

Der Tag, als der zweite Weltkrieg begann, war ein schöner Spätsommertag. In der Schule hatten wir schon Tage vorher von Provokationen der Polen gehört. Im Elternhaus war das kein Thema und auf Fragen wurde beruhigend und unkonkret geantwortet. Dass das Ausland es darauf angelegt hatte, diesem Deutschland seinen Aufstieg nicht zu gönnen, war durchaus die Stimmung, die herrschte, besonders deutlich bei Onkel Hans in Schlesien, der die Hindenburgbaude in Grunwald besaß und ein großer Nazi war. Die Grenze zur Tschechoslowakei verlief nur wenige hundert Meter von der Baude entfernt auf dem Kamm des Adlergebirges. Onkel Hans – persönlich war er wohl ein mutiger oder besser vielleicht ein leichtsinniger Mann – schmuggelte Radioapparate, sogenannte «Volksempfänger» zu seinen Nazi-Freunden von der Henlein-Partei über die Grenze nach Deschney, und die tschechischen Grenzer wollten ihn fangen, wie er schwadronierte. Meine Eltern nahmen das in den Sommerferien, die wir dort verbrachten, wohl nicht so ganz ernst, bis er eines Tages angeschossen zurückkam. Das wurde als große Heldentat gefeiert. Irgendein Gauleiter kam aus Breslau, hielt eine große Rede und Onkel Hans galt als Held. An einem der nächsten Tage stand er mit einem Fernglas bewaffnet auf der Terrasse und brüllte. Eine tschechische Maschine flog auf ihrer, der tschechischen Seite die Grenze ab, wohl um den deutschen Aufmarsch, falls es ihn hier gab, zu kontrollieren. Er brüllte über die Unverschämtheit der Tschechen, das «Reich», wie er es nannte, auszuspionieren zu wollen.

Da der deutsche Einmarsch in die Tschechoslowakei ohne Krieg abging, Österreich gleichfalls ohne Kriegskatastrophe «angeschlossen» wurde, gab es so etwas wie ein «uns kann ja nichts passieren»-Gefühl, aber das war etwas Vordergründiges, jedenfalls in meiner Seele.

Der schöne Spätsommertag, als der Krieg begann, war ein ganz gewöhnlicher Tag. Ich ging von Lemsdorf zur Schanze. Vor der Brücke über die Klinke führt der Weg auf der Nienstedter Straße, die hier beginnt, zum Lemsdorfer Friedhof mit seinen großen Platanen, dort wo auf der rechten Seite die Häuserzeile endet. Links befand sich das Deye'sche Gut. Hier hörte ich einen Mann, der aus dem Fenster lehnte, über die Straße hinweg zur Bäuerin Deye sagen: «Es ist Krieg.» Ich blieb wie angewurzelt stehen, die Stille wurde unheimlich. Frau Deye schwieg, doch eine Bewohnerin des gleichen Hauses erwiderte: «Die Polen haben es so gewollt.» Da ging Frau Deye auf ihren Hof und schloss die Tür.

In meiner Seele war wieder die graue, vorstellungslose dumpfe Stimmung, die mich umkehren und nach Hause gehen ließ, wo ich Schularbeiten machte.

Noch einmal Opa Bette

In der Schule änderte sich erst einmal nicht viel. Opa Bette wurde weiter geärgert. Wenn man Löschpapier kaut, bis es ein dicker Brei ist, kann man diesen an die Decke werfen, wo er kleben bleibt. Sobald aber die Feuchtigkeit von dem Kreideanstrich der Decke aufgesaugt und das Ganze etwas abgetrocknet ist, fällt der Kloß herunter. Wenn nun, sagen wir zwischen zehn und zwanzig solcher Löschpapierspeichelpakete über dem Lehrertisch an der Decke kleben, wächst die Spannung in der Klasse mit der viel zu langsam vorgehenden Zeit. Da, endlich! Und Opa Bette hatte nichts gemerkt. Noch nach dem dritten Ereignis – nichts. Es ist enttäuschend. Erst der vierte Kloß trifft. Opa Bette sitzt auf seinem Stuhl und der Kloß fällt unmittelbar vor ihm auf den Tisch. Ein erstaunter Blick, er versteht nichts. Er blickt in die Klasse, die Augenbrauen ziehen sich zusammen, er fixiert den kleinen Warlich, aus dem man alles herausprügeln kann, der wird kreidebleich und sagt: «Herr Bette, das kommt von oben.» Opa Bette blickt zur Decke, da löst sich Nr. 5. Opa springt zu Seite und die Klasse tobt. Nur der kleine Warlich bleibt bleich und stumm.

Der Rektor, Herr Höft, hält eine Rede vor der Klasse, in der er den Charakter eines deutschen Jungen ausführlich erläutert. Er redet von der Schwere der Zeit, in der man sich als deutscher Junge zu bewähren habe und er beschreibt irgendwelche Vorbilder, die ich leider vergessen habe. Ein Appell an den aufrechten und ehrlichen Charakter eines deutschen Jungen, der seinem Vorbild – dem Führer – nachzueifern habe, beschließt die Rede. Opa Bette befiehlt «Aufstehen!», alles stürzt aus den Bänken und steht stramm, während Opa Bette den rechten Arm mit krummen Fingern erhebt und «Heil Hitler, Herr Rektor!» sagt. Rektor Höft war ein respektierter Mann. Er als einziger aller Lehrer hatte keinen Spitznamen. Niemand hat ihn je anders als würdigen Schrittes gehen sehen und mit ruhiger Stimme bedachte Dinge sagen hören. Und so wirkte auch die Rede, völlig unabhängig von ihrem Inhalt. Er war als Persönlichkeit, als Mensch ein Vorbild: Er hatte sich in der Hand.

Der erste Alarm

Beim ersten Fliegeralarm ertönte die Sirene erst, nachdem wir längst aufgewacht waren, weil uns die Explosionen der Flakgranaten geweckt hatten. Ich war aufgestanden, eine Treppe tiefer gegangen und frug ins dunkle Schlafzimmer der Eltern, was das sei. Das sei die Flak, sagte der Vater und meinte, wir sollten uns schnell anziehen und in den Keller gehen. Da erst begann die Luftschutzsirene mit ihrem Geheul. Die Luftschutzbetten fühlten sich feucht und klamm an, aber nicht nur deshalb dachte niemand daran, sich hineinzulegen – anders als später, als der Fliegeralarm zur nächtlichen Gewohnheit geworden war und wir nach dem dritten, später nach dem zweiten und schließlich schon nach dem ersten Alarm im Keller liegen blieben. Die erste Bombe, die überhaupt in Magdeburg fiel, landete in unserem Schuppen, dessen Dach lichterloh brannte. Der Vater war als Luftschutzhelfer eingezogen worden, hatte in dieser Nacht Dienst und war deshalb nicht zu Hause. Die Mutter organisierte die Löscharbeiten und stellte dazu nicht nur ihre Söhne, sondern auch den Pfarrer an, der gegenüber wohnte und als einziger nach den Löscharbeiten pitschnaß war, worüber wir uns herzlich freuten.

So wurde die Mutter berühmt. Sie stand in der Zeitung, erhielt eine Urkunde vom Oberbürgermeister und wurde mit einer Reihe verdienter Luftschutzhelden von Göbbels nach Berlin eingeladen, was sie auch wahrnahm. Dabei hat sie, sicher zum ersten Mal in ihrem Leben, eine Varieté-Veranstaltung im berühmten Berliner Kristallpalast besucht. Außer der Tatsache, dass diese Revue nichts für kleine Jungens sei, hat sie wenig darüber mitgeteilt, trotz aller Neugier ihrer Söhne.

Später waren solche Lappalien wie das Löschen von Brandbomben nichts, was einer weiteren Erwähnung wert gewesen wäre. Wenn eine durch das Dach schlug, so hörte man das im Keller und wir rannten so schnell es ging auf den Boden. Innerhalb der ersten Minute konnte man sie noch anfassen und durch ein Fenster auf den Hof werfen, wo man sich nicht weiter um sie zu kümmern brauchte. Viele Brandbomben zundeten nicht und ich hatte immer eine Anzahl unter meinem Kaninchenstall vorrätig. Wenn niemand in der Nähe war und die richtigen Freunde da waren, spielten wir damit Germanenbillard. Einer schlug das Endstück auf den Boden, bis sie zündeten. Sie waren sechseckig im Querschnitt und am unteren Ende bestanden sie aus Gusseisen, am oberen aus einem passenden Blechende. Dann wurde sie brennend im Kreis herumgereicht, solange, bis einer sie fallen ließ. Der hatte dann verloren.

Luftschutzwache in der Schule

In der Schule ging der Krieg ebenfalls weiter, der mit Opa Bette ebenso wie der reale. Für Letzteren wurden wir zur Luftschutzwache eingeteilt, denn wir sollten die Schule von Brandbomben freihalten. Dazu hatten je vier Jungen in der Schule zu übernachten. Drei Doppelstockbetten standen dafür im Zeichensaal bereit, der im oberen Stock unter dem Dachboden lag. Im Keller hätte man die Einschläge nicht gehört. Ein Lehrer, der im Rektorzimmer übernachtete, das dem Zeichensaal schräg gegenüber lag, führte die Aufsicht. Bei ihm hatte man sich am Abend zu melden. Das geschah so rechtzeitig, dass man danach noch ins Kino gehen konnte. Ein Film mit Hans Moser und Theo Lingen hieß, glaube ich, «Sieben Jahre Pech», den wir leider nicht bis zum Ende gesehen haben. Die Sirene heulte mitten in der Vorstellung, und eigentlich mussten die Besucher den Luftschutzraum des Kinos aufsuchen. Wir aber entwischten irgendwie und als Sprengbomben heulten, warfen wir uns auf die Erde ehe es krachte, aber das war aus heutiger Sicht gesehen wohl falsch. Jedenfalls erreichten wir die Schule in dem Moment, als der Einsatz der Brandbomben wegen nötig wurde – die Brandbomben fielen immer erst nach den Sprengbomben. Aufsicht führte an diesem Tage Ottchen Kahe, der Zeichenlehrer: Er hat uns nicht verpfiffen; die Schule ist allerdings auch nicht abgebrannt.

Aufsicht hatte einmal eine Dame, die Vizedirektorin Frau von Felies. In der Klasse gab es begabte Bastler, unter anderem auch einen Schwachstromspezialisten: unser Klassenprimus Helmut P. Er führte seinen Freunden, zu denen ich nicht immer gehörte, seine neuesten Radiokreationen vor und gab Nachhilfeunterricht, wenn der Empfang von BBC nicht richtig klappte. Ich hatte sein Detektorgerät mit selbstgewickelten Spulen unter meinem Bett auf eine Weise montiert, dass es beim Putzen nicht auffiel. Mithilfe zweier Bananenstecker konnte der Kopfhörer auch im Dunkeln leicht eingesteckt werden. Sobald Schritte zu hören waren, die die Bodentreppe heraufkamen, lag ich entweder tief schlafend im Bett oder hörte weiter BBC. In letzterem Fall kam die Großmutter, im ersten Fall die Mutter die Treppe herauf, die aus Angst den Betrieb des Radios verboten hatte. Der Stil des Menschen bestimmt nicht nur wie er denkt und spricht, sondern auch wie er geht. Seit dem 14. Lebensjahr habe ich mir angewöhnt, die Menschen auch am Schritt zu erkennen. Der Ich- oder Stilsinn ist auch daran ausbildbar. Jedenfalls hat die Großmutter, wenn sie heraufkam, mitgehört und die neuesten Fakten kommentiert.

Jenes besagte Schwachstromgenie, Helmut P., hatte das Radio im Rektorzimmer so angezapft, dass einer der Mitschüler über ein Mikrophon im Radio sprechen konnte. Ein anderer schaute zur Nachrichtenzeit durchs Schlüsselloch des Rektorzimmers und als Frau von Felies am Knopf drehte, gab er ein Zeichen und klopfte gleichzeitig an der Tür. Als «Herein!» gerufen wurde, ertönte im Radio: «And now you are listening to BBC, the British Broadcasting Corporation. – Wir bringen Nachrichten in deutscher Sprache.» Die Arme war zu Tode erschrocken und wurde kreidebleich. Vielleicht sollte man für die Nachgeborenen sagen, dass das Abhören von Feindsendern lebensgefährlich war.

Zum letzten Mal: Opa Bette

Opa Bette hatte einen Tick. Die Tafel musste frisch naß gewaschen sein, wenn er zum Unterricht erschien. Auf einer richtig nassen Tafel sieht man jedoch die Kreide nicht. Sie erscheint erst in dem Maße, in dem die Tafel abtrocknet. Also wurde so groß, dass es die Tafel ausfüllte, «OPA» auf die nasse Tafel gemalt. Langsam wurde «OPA» lesbar und stand in dem Moment hell und klar an der Tafel als er hinblickte. Er tobte so großartig wie erwartet. Stille Freude herrschte bei allen, die die Größe seiner Explosion und den verbalen Inhalt seiner Rede richtig vorhergesagt hatten. Sein Sohn stünde an der Front und der sei nicht verheiratet und er sei kein Opa. Auch, dass er sich wieder den kleinen Warlich vornehmen würde, war zu vermuten, und Henry, so hieß er mit Vornamen, wurde vorher aus der Klasse geschickt, damit er tatsächlich nichts wusste, denn lügen konnte Henry nicht. Als Opa Bette begriff, dass der kleine Warlich tatsächlich nicht wusste, wer der Übeltäter war, verprügelte Opa Bette den Nächstbesten und das so furchtbar, wie es noch nie vorgekommen war. Die Klasse wurde still, die Stimmung schlug um und zwei oder drei riefen «Herr Bette, wir waren das!» Aber das hörte er wohl gar nicht und prügelte weiter. Da herrschte das blanke Entsetzen. Nun ging der größte – ich glaube er hieß Grabowski – nach vorn und schlug Opa Bette mit einigen Hieben zusammen. Dadurch muss unser Lehrer wieder zu sich gekommen sein. Grabowski flog von der Schule, aber er ist in einer anderen Schule wieder aufgenommen worden, wie ich sicher weiß, denn er war mit Karl-Heinz W. befreundet, der über sein Schicksal berichtet hat.

Opa Bette wurde nicht vom Unterricht in unserer Klasse befreit, er musste weiter unterrichten und in der nächsten Stunde erklärte er uns den Krieg. Das ist bitte wörtlich zu nehmen. Er hat *uns* den Krieg erklärt. Von nun an behielt das Verhältnis zwischen ihm und der Klasse eine von Misstrauen erzeugte Spannung, die bis zum Ende der Schulzeit anhielt. Die Streiche wurden deutlich bösartiger und seine Racheakte auch. In dieser Zeit wurden sogenannte Tadel vergeben, die im Klassenbuch eingetragen wurden mit Angabe des Grundes. Es hagelte schriftliche Tadel bei Opa Bette. Diese Tadel, allerdings hier ohne Angabe des Grundes, standen dann im nächsten Zeugnis. Ich hatte sogar einen im Abschlusszeugnis stehen. Heute glaube ich, dass Rektor Höft deshalb keinen Lehrerwechsel vorgenommen hat, weil Herr Bette der einzige Biologielehrer an unserer Schule war. Aber in Geographie unterrichtete er uns während der letzten beiden Schuljahre nicht mehr.

Papa Schnell

Unser Klassenlehrer wurde vom zweiten Mittelschuljahr an Herr Schnell, der Papa hieß. Respekt hat er sich durch das folgende Ereignis verschafft, später haben wir ihn auch verehrt. Er begann seine erste Unterrichtsstunde mit einer Erzählung belehrend-moralischen Inhaltes. Ich weiß den Inhalt nicht mehr. Kleinere Ungezogenheiten, wie Plätze vertauschen und Husten übersah und überhörte er. Also wurde besprochen, wie er zur Explosion zu bringen sei. Manfred D. schlug vor, Stinkbomben loszulassen. Stinkbomben waren in der Papierhandlung Fels zu erwerben, wo es auch Knallerbsen gab. Beide lagen in Glasgefäßen, die mit Sägespänen aufgefüllt waren und kosteten 5 Pfennig das Stück. Die Stinkbomben bestanden aus Tetrachlorkohlenstoff, der in Glas eingeschmolzen war. Die Stinkbomben konnte man zertreten, ohne dass es auffiel. Alles wartete gespannt auf die Wirkung, als sich der Gestank in der Klasse verbreitete. Papa Schnell reagierte nicht. Die zweite, die dritte. Manfred D., dem Erfinder der Aktion, wurde als Erstem schlecht und er fragte: «Herr Schnell, darf ich das Fenster aufmachen?» Aber Papa Schnell meinte, dass man das in der Pause machen sollte, wegen des Lärms auf der Straße. Alles hoffte auf die Erlösung durch die Pausenklingel. Aber Papa Schnell reagierte darauf so, dass er sagte, es sei doch so spannend und wir würden so großartig mitarbeiten, dass wir uns diesmal durch die Pause nicht stören lassen sollten und durcharbeiten würden. Nach der zweiten Stunde verließ er uns lächelnd und sagte zu Manfred, jetzt wisse er doch, dass das Fensteröffnen nicht nötig gewesen sei. Er hatte gewonnen, aber er hatte auch uns gewonnen.

In der Schule wurde der Sieg im Blitzkrieg gegen Polen gefeiert. Im Elternhaus gab es kein Radio. Wir hörten weder Sondermeldungen noch Hitlerreden. Die Stimmung war gedämpft und erst nach dem «Blitzkrieg» gegen Frankreich wurde die Stimmung optimistischer. Auch meine Eltern begannen es wohl für möglich zu halten, dass das Dritte Reich den Krieg gewinnen werde.

In der Schule gab es weitere Denkwürdigkeiten, die zu berichten sich lohnt.

Herr Lücke, der Physiklehrer

Der Physikunterricht wurde von Herrn Dr. Lücke gegeben, bei dem ich immer den Verdacht hatte, dass er nicht umsonst so hieß: ich spürte einfach Antipathien, die sonst wohl niemand in der Klasse teilte. Herr Lücke war einer der jüngeren Lehrer und ein wohl von der Naturwissenschaft begeisterter Mensch, was meine Klassenkameraden ansteckte. Mir imponierte nicht er, sondern die Reihe von Experimenten, die er mit großem Geschick vorführte. Als die physikalischen Eigenschaften fester Stoffe besprochen wurden, führte er aus, wie die Gestalt des Körpers in die Festigkeit eingeht und zeigte uns eine Keramikkachel und eine Steinhägerflasche – eine Schnapsflasche aus Keramik. Mit einem Holzhammer zerschlug er die an zwei Seiten abgestützte Kachel ohne Kraftaufwand, während der deutlich stärkere Schlag auf die Steinhägerflasche gleicher Wandstärke keinen Erfolg hatte. Danach frug er, ob es jemand für möglich halte, diese Flasche mit der Hand zerschlagen zu können. Ich hielt das für möglich, und so forderte er mich vor der grinsenden Klasse auf, es doch zu versuchen. Ich legte alle Kraft, die ich hatte, in den Schlag und die Flasche lag in Trümmern, meine Faust nur leider auch. Quer über den Daumenansatz sah man bläulich den Knochen des Daumens bloß liegen, und es dauerte einige Zeit, bis die Stille brach und das Blut zu schießen begann. Der Arm wurde abgebunden und ich ins Krankenhaus transportiert, wo die Sache genäht wurde. Ich habe nicht vergessen zu fragen, wer nun recht hatte: Herr Lücke oder ich. Ich erinnere allerdings nicht mehr, was er geantwortet hat – er hat geschwiegen, glaube ich.

Auch die Wärmelehre kam in der Physik dran und Herr Lücke teilte dort einmal mit, dass sich der Mensch auf seine Sinne nicht verlassen könne, sie seien subjektiv und eine objektive Wahrnehmung gäbe es nicht, wie der nun folgende Versuch zeigen sollte. Er stellte die bekannten drei Töpfe auf, einen mit heißem, einen mit kaltem Wasser und dazwischen einen Topf mit mittlerer Temperatur. Ich muss mich wohl gemeldet haben, um mitzuteilen, dass ich nicht glauben könne, dass mich meine Sinne betrügen. Also wurde ich nach vorne gebeten, hatte die eine Hand ins heiße, die andere ins kalte Wasser zu halten und nach einiger Adaptionszeit beide in den Topf mit der mittleren Wassertemperatur. Schließlich fragte mich Herr Lücke: «Spürst Du nun mit beiden Händen die mittlere Temperatur?», und ich musste zugeben, dass die eine Hand warm, die andere Hand kalt empfand. Er triumphierte nicht, sondern erklärte, nicht eine subjektive naive Haltung könne der Mensch gegenüber den Tatsachen der Physik haben, sondern er habe zu prüfen, zu experimentieren und sich daran ein Urteil zu bilden.

Ich ging mit einem schlechten Gefühl nach Hause. Mein Verstand musste Herrn Lücke Recht geben, aber mein Herz sagte etwas anderes. Ich wollte bei der Überzeugung bleiben, dass mich meine Sinne nicht betrügen würden. So ließ mich der Zwiespalt zwischen Herrn Lückes Urteil und meiner Gefühlsüberzeugung nicht los und ich fragte Herrn Lücke, wenn die Wahrnehmungen durch die Hand falsche Ergebnisse liefern, wie soll man sich dann verhalten, und er sagte, im Experiment habe man statt der Hände Thermometer zu verwenden, die objektiv messen würden, denn Thermometer haben keine subjektiven Empfindungen, sondern zeigen objektiv die Tatsachen an. Das leuchtete mir ein und ich entschloss mich, zu Hause das Experiment mit Thermometern zu wiederholen, denn er hatte es nicht vorgeführt.

Gebadet wurde in meinem Elternhaus am Sonnabend in der Küche. Da wurde das Wasser auf dem Herd in einem großen verzinkten Kessel heiß gemacht und eine ebenso verzinkte Badewanne aufgestellt, die aus dem Keller geholt wurde. Dieses Badewasser verwendete ich für meinen Versuch und die beiden (in Holz gefassten und deshalb schwimmfähigen) Badethermometer, die meine Mutter hatte, wurden dazu eingesetzt. Im heißen Badewasser stieg das Thermometer, das wohl mit rotgefärbtem Alkohol und nicht mit Quecksilber gefüllt war, das andere sank im kalten Wasser, das aus dem Wasserhahn gewonnen wurde. Als beide die jeweilige Temperatur anzeigten, wurden sie in Wasser mittlerer Temperatur gehalten, und siehe da, sie verhielten sich nicht gleich, das eine sank und das andere stieg an. Mein innerer Jubel kannte keine

Grenzen, möglicherweise habe ich vor Begeisterung sogar getobt. Meine liebe Mutter, die allerlei von ihrem Ältesten gewohnt war, hat mit dem Vater gedroht, wenn ich nicht augenblicklich damit aufhören würde. Ich habe sie nicht aufgeklärt, das habe ich überhaupt nie gemacht, wenn sich in meiner Seele heilige Gefühle einstellten wie hier, auch dann nicht, wenn Herumtoben vor lauter Begeisterung die unmittelbare Folge war. Das legte sich immer schnell und zurück blieb das heilige Gefühl, der Natur eines ihrer Rätsel abgelauscht zu haben. Eine Art von Naturreligion bildete sich so. Ich war aber entschlossen, es Herrn Lücke heimzuzahlen.

Mit den beiden Thermometern in der Tasche ging ich in die nächste Physikstunde, in der Herr Lücke längst etwas anders machen wollte. Jedenfalls reagierte er erst einmal ungehalten, als ich das Wassertemperatur-Experiment mit Thermometern zu wiederholen verlangte. Er fragte weshalb und ich behauptete, dass die Thermometer genauso subjektiv reagierten wie meine Hände, und wenn auf meine Hände kein Verlaß sei, dann auf die Thermometer auch nicht. Er war konsterniert, war sich seiner Sache sicher und ließ sich auf die Wiederholung des Experimentes ein.

Erst einmal machte ich darauf aufmerksam, dass meine Hände, sobald ich die eine in das heiße und die andere in das kalte Wasser steckte, zuerst einmal heiß und kalt spüren und dass das Gefühl dafür abklingt, aber nicht ganz. So, zeigte ich, machen es auch die Thermometer, eins steigt, das heißt, es wird wärmer, das andere fällt, das heißt, es wird kälter. Steckt man nun die Thermometer in das Wasser mittlerer Temperatur, fällt das wärmere und zeigt wie meine Hand «kälter» an und das andere steigt und zeigt wie meine Hand «wärmer» an, und ich frage Herr Lücke, was er dazu zu sagen hätte. Er hatte nichts zu sagen, sondern gab mir das, was man eine Backpfeife nennt. Er war fortan für mich erledigt; er aber hat nie wieder versucht mich vorzuführen. Von nun an empfand er mir gegenüber wohl ebenfalls Antipathie. Später habe ich mich mit ihm innerlich versöhnt, das soll der Vollständigkeit halber auch noch erzählt werden.

In der Optik erklärte er das Zustandekommen des Regenbogens. Er zeigte am Prisma die Brechung des Lichts in die Spektralfarben und erläuterte, wie die Vielzahl der Regentropfen die Spektralfarben durch Brechung erzeugen. Wegen der Kleinheit der Tropfen und des langen Weges vom Tropfen zum Auge erreiche nur eine Farbe das menschliche Auge und der Rest des Spektrums dieses einen Tropfens liege über oder unter dem Auge. Diejenigen Tropfen, die nun von oben nach unten fielen, veränderten dabei den Winkel so, dass alle Farben des Spektrums nacheinander das menschliche Auge erreichten. Die Regenfront als Ganze würde von der Sonne so beschienen, dass sie aus den vielen unzähligen Tropfen den Regenbogen erzeuge. Das leuchtete mir ein, obwohl es, wie ich heute weiß, nicht ganz richtig ist. Ich meldete mich und sagte, jeder Mensch habe einen anderen Standort, wenn er den Regenbogen betrachte und wenn der geschilderte Zusammenhang vom Standort des Auges abhängig sei, so müsse jeder Mensch notwendig einen anderen Regenbogen sehen. Er dachte eine Weile nach und gab mir Recht. Das versöhnte mich. Aber richtig war das nicht! Man denke einmal darüber nach, warum trotz der Richtigkeit des Lücke-Göbelschen Gedankenganges jeder Mensch denselben Regenbogen sieht! In diesem Falle waren wir wohl beide überfordert.

Mein Freund Hänschen Haupt

In Magdeburg hat das Puppenspiel durch Schichtls Marionettenbühne eine gewisse Tradition. Schichtl war sowohl auf der «Messe» zu finden – einem Jahrmarkt, der am Ende des Sommers auf dem Domplatz abgehalten wurde – als auch in kleineren Theatern der Stadt. Kennengelernt habe ich seine Kunst auf der Messe. Dort beeindruckte mich die Puppe am eindringlichsten, die die Ansagen für die folgenden Stücke machte. Eine grün gekleidete Marionette mit Zipfelmütze und einer riesigen Glocke in der Hand, die sie kaum schleppen konnte, trat seitlich aus den Soffitten. Dieser Ansager schwang seine Glocke, bimmelimm und rief: «Jetzt kommt noch mehr!», bimmelimm, «jetzt kommt noch mehr!», bimmelimm,

*Abb. 15: Kasperlefiguren aus der Produktion
des Vaters Ludwig Göbel*

«jetzt kommt noch viel, viel mehr!» bimmelimmelimmelimm. Dann zog ihn die bimmelnde Glocke in den Himmel hinauf, wobei er seinen freien Arm zur Seite wegdrehte und mit den Füßen zappelte.

Eine dieser Aufführungen besuchte ich mit meinem Freund Hans Haupt, genannt Hänschen. Wir waren so begeistert, dass wir ebenfalls Marionetten bauen und mit ihnen spielen wollten. Dazu war Gelegenheit, denn Schichtl lehrte den Bau der Marionetten für die Angehörigen der Nazi-Kinderorganisation für 10- bis 14-Jährige. Dass ich einen solchen Ansager mit Klingel baute, war vorhersehbar. Die Bühne war zerlegbar und wir beide haben auch in der Schule Aufführungen gegeben, wozu uns Ottchen Kahe sehr ermuntert hat.

Für Hans Haupt ist das Marionettentheater zum Beruf geworden. Nach dem Krieg gründete er die Magdeburger Marionettenbühne, die nach seinem Tode in den siebziger Jahren wieder geschlossen wurde, wie ich erst sehr viel später gehört habe.

Die Forstlehre in Schierke

Förster wollte ich werden. Diesen Berufswunsch hatte ich seit früher Schulzeit. Im Herbst 1943 – die Klasse war noch vollzählig beieinander, kurz darauf wurden die Älteren des Jahrgangs 1927 als Flakhelfer eingezogen, was eine dumpfe und hilflose Stimmung in der nun halbleeren Klasse verursachte – wollte ich in Bottmersdorf die Hasenjagd mitmachen, erhielt dafür aber keine Genehmigung vom Rektor. Die Hasenjagden in der Börde waren damals dramatische Ereignisse. Ich nahm trotzdem teil. Etwa 40 Schützen und noch mehr Treiber bildeten im Laufe des Tages drei Kessel. Es wurden mehr als zweihundert Hasen geschossen. Das Ergebnis in der Schule war ein schriftlicher Tadel auf dem Abschlusszeugnis.

Wer damals Forstmann werden wollte, hatte auf dem Regierungsforstamt in Magdeburg eine Prüfung zu bestehen. Es war vorher bekannt, dass neun Lehrlinge angenommen werden sollten, also jeder zehnte Bewerber. Mein Fall gehörte wohl zu den zweifelhaften, denn der Landforstmeister sprach persönlich mit mir. Er hatte mein Zeugnis in der Hand und den dazugehörigen handgeschriebenen Lebenslauf mit Bewerbungstext. Ein längerer schweigender Blick, Heben der Augen und dann kam – so schien mir, in die endlose Stille hinein – die Frage nach dem Tadel in meinem Zeugnis. Der Erklärung über die Hasenjagd in Bottmersdorf folgte die Frage, ob ich denn einen der Hasen abbekommen hätte, was zu verneinen war. Daraufhin wurde ich angenommen.

Ich war wohl tatsächlich ein zweifelhafter Fall, denn nach dem

Kriegsende habe ich gehört, dass solche zweifelhaften Fälle Franz Materne in Schierke im Harz als Lehrlinge zugewiesen wurden, denn wer da ein halbes Jahr ausgehalten hatte, war brauchbar. Franz Materne wurde also mein Lehrherr, und ich hatte am 1. April 1944 die Lehre anzutreten. Die Nebenstrecke der Harzquerbahn wurde im Winter nicht betrieben – im April 1944 lagen noch 80 cm Schnee in Schierke –, so dass ich bereits in Elend ausstieg. Das Gepäck der Reisenden wurde mit einem Pferdeschlitten nach Schierke transportiert.

Bei Franz Materne

Am 1. April 1944 meldete ich mich vorschriftsmäßig in HJ-Uniform und mit Führergruß an der Haustür meines Lehrherren. Franz Materne sah mich von oben bis unten an und sagte: «Paß mal auf! In meinem Hause trägt man Forstuniform und grüßt mit Waidmannsheil. Meine Frau ist in der Küche, die sagt Dir den Rest.»

Das Forsthaus liegt in Unterschierke kurz vor dem Ende des Dorfes, schräg unterhalb des Hotels, das damals «Fürst zu Stolberg» und nach dem Kriegsende «Heinrich Heine» hieß. Man konnte durch den Garten den Hang hinaufgehen und stand dann östlich des Hotels. Ein Fußweg führte weiter bergauf bis auf die Straße, die Schierke mit Dreiannenhohne und Elend verbindet. Das Forsthaus ist so gebaut, dass der zweite Stock mit seinen recht schmalen Giebelfenstern bereits zur Hälfte im Dach liegt. Das Dach ist hoch und steil, den Dachboden, auf dem man noch gut aufrecht stehen kann, erreicht man über eine leiterartige Holztreppe. Der zweite Stock wird durch einen durchgehenden Flur geteilt, von dem Türen in die drei nördlich gelegenen Zimmer führen, während die Treppe zum Dachboden und die zwei südlichen Räume – die mit den Giebelfenstern – durch einen gemeinsamen Zugang erschlossen werden. In einem dieser kleinen Zimmer wohnte ich, der Pflegesohn Kurt, Kurti gerufen, im anderen. Kurti war das Kind im

Hause, etwa zehn Jahre alt. Seine Mutter, Tante Frieda genannt, war die Haushälterin. Sie war mit dem Haumeister des Schierker Forstreviers verheiratet, der aber zum Kriegsdienst eingezogen war. Weil er bald nach Beginn meiner Forstlehre gefallen ist, habe ich ihn nicht mehr kennen gelernt. Auch der einzige Sohn des Ehepaares Materne war bereits gefallen, so dass Kurti, über dessen Vaterschaft gemunkelt wurde, als Kind des Hauses aufwuchs.

Frau Materne hat mir in der Küche die Regeln des Hauses genannt, mir meine Wohnung gezeigt und mich Kurti vorgestellt. Das war wohl der «Rest», den Franz Materne gemeint hatte, aber es war nicht der Inhalt der Rede, die er mir nach dem Mittagessen hielt. Er saß am Schreibtisch, ich stand davor. «Wir werden» – so begann er seine Ansprache – «drei Wochen zusammen durch das Revier gehen. Am ersten Tage laufen wir die Reviergrenze ab, merk' sie Dir, und in der ersten Woche werde ich Dir zeigen, was ein Forstmann zu sehen hat. In der zweiten Woche sagst Du mir, was Du siehst und ich zeige Dir, was Du nicht siehst. In der dritten Woche erzählst Du mir am Abend, was Du gesehen hast.»

Der Tageslauf war in seiner Reihenfolge streng festgelegt, Frau Materne hat ihn mir erläutert: Zum Tagesbeginn wurde der Hundezwinger gesäubert und die Hunde erhielten ihr Futter – sechsmal die Woche, die Fütterung fiel mittwochs aus. Danach wurden die Hühner heraus gelassen, die Eier eingesammelt, die Hühner gefüttert. Es folgte das Ausmisten des Pferde- und Kuhstalles, das Melken und Füttern der Kuh, das Füttern und Striegeln des Pferdes. Fünf Minuten vor sieben Uhr hatte ich an der Arbeitsstelle der Waldarbeiter zu stehen und die Anwesenden zu notieren. Um 7.30 Uhr folgte das gemeinsame Frühstück, die Arbeit für den Revierförster und seinen Lehrling begann offiziell um acht Uhr. Alles davor zählte nicht zur Arbeit.

Franz Materne war wohl 1.80 m lang und konnte trotz seines Alters schnell gehen – trotzdem sah er alles, sowohl die Fuchslosung wie die eines Marders. Er sah auch, welches Stück Wild im Schnee über den Weg gewechselt, welcher Hund ohne Leine gelaufen war. Er sah das Alter der wechselnden Fichtenstandorte, er sah

Abb. 16: Im Herbst 1944 wurde ich Forstlehrling bei Franz Materne, dem Revierförster des Reviers Schierke im Harz.

den «Bestockungsgrad» und vor allem sah er die Schälschäden, die das Rotwild verursacht hatte. Ob er diese innerlich tolerierte, weil er Jäger war, oder ob der Forstmann in ihm überwog, weiß ich nicht. Er konnte beides mit gleicher Stimmlage beschreiben. Jedenfalls wurden die Rotwildschäden mehr oder weniger von der Forstverwaltung in Kauf genommen. Schierke war Staatsjagdrevier. Und einer der ersten Merksätze, die ich vom Haumeister W. zu diesem Thema hörte, war der folgende: «Den Fichten geht es wie den Weibern. Sind sie unten dick, so sind sie faul.» In der ersten Woche des gemeinsamen Waldganges gab es wenige Probleme. Ich hörte viel von Franz Materne, aber was Wachheit im Wahrnehmen sein kann, habe ich erst später begriffen. Jedenfalls begann das Wahrnehmungsproblem in der dritten Woche, denn am Abend hatte ich vor dem Schreibtisch zu stehen und er fragte ab, was ich gesehen hatte. Und ich hatte nicht alles gesehen. Also hatte ich sofort die Füße in die Hand zu nehmen und festzustellen, was ich übersehen hatte und sei es auf dem Renneckenberg oder sonst wo gewesen. Waren die «Sehlücken» so über das Revier verstreut, dass die Sache nicht reparierbar war, so hatte ich eine Nacht auf dem Hochsitz anzusitzen und das austretende Wild zu zählen und die Hirsche zu beschreiben.

Jagderlebnisse

Der Pächter der Schierker Bahnhofswirtschaft war der «Schallup». Mit ihm war Franz Materne befreundet, denn auch Schallup war Jäger. Vor allem aber sammelte er Abwurfstangen. Schallup hat gegenüber den Bahngleisen eine Wildfütterung betrieben. Man sah regelmäßig Rotwild dort stehen. Im Ganzen gab es drei Wildfütterungen im Revier. Die Schallup'sche war eine einfache Raufe, die er im Winter jeden Tag meist selber bestückte. Die beiden anderen unter dem Erdbeerkopf und östlich der Feuersteine waren feste Holzbauten mit einem großen Heuboden und Raufen darunter. Der Futterplatz unter dem Erdbeerkopf besaß einen Rübenkeller, der in den Berg gebaut war und dessen Inhalt an Runkelrüben einmal, bei hohem Schnee zweimal in der Woche verfüttert wurde. In der Nähe aller drei Fütterungen waren auch die Einstände des Rotwildes. Schallup wusste, wo er bis spätestens Ostern die Abwurfstangen zu finden hatte. Ich versuchte ihm Konkurrenz zu machen. Aber Schallup hatte einen großen Erfahrungsschatz, und ich selber habe überhaupt nur zwei Stangen gefunden. Eine durfte ich behalten, es handelte sich um die rechte Stange eines Achters, während die zweite von einem guten Kronenhirsch stammte, der sie nördlich des Erdbeerkopfes abgeworfen hatte, an einer Stelle, an der sie Schallup nicht gesucht hatte. Diese Stange fand ich im Juli, als sie schon von Mäusen angenagt war. Sie gehörte zu einem der Hirsche aus der Sammlung von Schallup. Franz Materne selber hat die Abwurfstangen des stärksten Hirsches gesammelt, den es in dieser Zeit im Revier gab. Die Sammlung war komplett bis zum (ich bin nicht ganz sicher) 18. Kopf, als er den schon stark zurückgesetzten Hirsch einige Jahre zuvor erlegt hatte. Diese Sammlung war bekannt und berühmt, sie ist auch in Berlin einmal ausgestellt worden. Was daraus geworden ist, weiß ich nicht.

Die Zeit der Hirschbrunft war der jährliche Höhepunkt im Revierbetrieb. Am Jacobsbruch, zwischen Erdbeerkopf und dem Renneckenberg stand das Jagdhaus, ein unterkellerter Steinbau mit mehreren Zimmern, der Jagdstube und Wohnräumen unter dem Dach. Dieses Jacobshaus genannte Gebäude war komplett eingerichtet und möbliert. In der Herbstsonne mussten die Betten gelüftet und das ganze Jagdhaus geputzt werden. Es gab einen Forstweg, der vom Tal hinauf bis zum Jacobsbruch führte, wo die Pirschwege begannen, die ich mit Stangen zu markieren und mit dem Besen zu fegen hatte. Auch die Ansitzschirme hatte ich zu bauen. An den Jagdgesellschaften selbst wurde ich nicht beteiligt, aber das gesellschaftliche Klima, wollen wir's mal so nennen, war auch so, dass ich gar nicht teilnehmen wollte. Einmal war ein Landforstmeister aus dem Reichsforstministerium zur Jagd angemeldet, der einen 1-B-Hirsch frei hatte und im Hotel «Fürst zu Stolberg» nächtigte statt im Jacobshaus. Franz Materne hatte an den Schierker Wiesen einen

Abb. 17: Hirsch im Staatsjagdrevier von Schierke

Hund wildern sehen, und da er mit einem so hohen Herren keinen Ärger wegen eines wildernden Hundes haben wollte, sollte ich vor Sonnenaufgang ansitzen, um den Hund zu schießen, falls er nochmals auftauchen würde.

Der Morgennebel stieg auf, das war in dieser Jahreszeit an den Schierker Wiesen oft so, darüber ahnte man die aufgehende Sonne. Der Nebel zog einen Moment ab, als ein Windhauch aus dem Wald den Blick auf den Hund frei gab. Der Hund lag nach dem Schuß vielleicht 80 Meter von dem Landforstmeister entfernt, der seinen irischen Setter hier hatte frei laufen lassen. Franz Materne blieb eisern ruhig, als der Landforstmeister meinen Rausschmiss forderte. Hunde sind in einem Hochwildrevier generell an der Leine zu führen und er, Franz Materne, habe den Abschuß angeordnet. Ich hatte mich zu entfernen, so dass ich nicht weiß, was er mit dem Herrn verhandelt hat. Für mich blieb die Angelegenheit folgenlos. Ein irischer Setter hat in einem Hochwildrevier nun tatsächlich nichts verloren. Wie ein solcher Hund von einem Jagdgast in ein solches Hochwildrevier mitgebracht werden kann, ist wohl keinem Jäger verständlich.

Franz Maternes Pflicht war es, diesen Herrn zu führen, der auch zu Schuß kam, wobei er dem Hirsch den linken Vorderlauf zerschoss. Die Nachsuche hat drei volle Tage in Anspruch genommen. Franz Maternes Hund, ein Hannoverscher Schweißhund, hat ihn am Morgen des dritten Tages geschnallt. Der Hund blieb mit Standlaut am Hirsch, der sich inzwischen niedergetan hatte. Selbst nach dem Fangschuß war der Hund in einer solchen Erregung, dass ich das Gefühl hatte, dass auch Franz Materne nicht ganz wohl war, bis er ihn wieder an der Leine hatte.

Das Kahlwild zu erlegen war Franz Maternes Pflicht. Im November kam er einmal – es lagen schon 50–60 cm Schnee – von erfolgreicher Jagd am Renneckenberg so spät zurück, dass ich den Auftrag zum Bergen des Wildes erst am folgenden Morgen erhielt. Ich zog den Wildschlitten zum Fuß des Renneckenberges und fand das Stück Wild nicht. Es war inzwischen eingeschneit. So dauerte es bis zum frühen Nachmittag, bis ich es endlich gefunden hatte. Das Tier war steif und die Läufe standen gestreckt. Es auf den Schlitten zu bringen und zum Schierker Bahnhof zu transportieren war das härteste Stück Arbeit, das ich in diesem Jahr zu leisten hatte. Von meinem Lehrherrn habe ich deshalb ein anerkennendes Wort gehört: Ich fühlte mich geadelt.

Waldarbeit

Dass die Waldarbeit auch zur Forstarbeit gehört, darf nicht unerwähnt bleiben. Das Auszeichnen der Stangen- und Baumhölzer hat Franz Materne, soweit ich mich erinnere, immer allein gemacht und er hat mich in diese Kunst auch nie eingeführt. Der Hauereibetrieb war Akkordarbeit, obwohl der pünktliche Arbeitsbeginn kontrolliert wurde. Das war generell so, auch bei allen Pflanz- und Pflegearbeiten und dem Wegebau.

Abb. 18: Alleinstehende Fichte im verschneiten Oberharz

    Es gab im Revier viele landschaftliche Besonderheiten, aber auch eine waldbauliche: den so genannten Buchenkamp. Das Revier bestand von diesen drei oder vier Hektar Buchenaltholz abgesehen allein aus Fichtenbeständen, die alle gepflanzt waren. Der Buchenkamp liegt östlich der Schierker Wiesen, sozusagen am Abfall des Oberharzes gegen den Unterharz, oberhalb der Gaststätte «Grüne Tanne» in Mandelholz. Es ist die Grenze zwischen dem Granit des Brockenmassives und dem Schwarzen Jura. Diesen Buchenbestand habe ich geliebt. Die hohen Kronen der Buchen, die einen Waldinnenraum freigeben, dem alles Finstere und Einheitliche eines Fichtenbestandes fehlt. Die Bodenflora war reich an Simsen, Fuchskreuzkraut, Habichtskraut und hohen Gräsern, die ein ganz einzigartiges Waldbild ergaben. Der Buchenkamp war teilweise gegattert, um der Buchenverjungung eine Chance zu geben.

    Zu jedem Forsthaus gehört das Holzdeputat, mit dem die Heizung versorgt wird. Der Buchenkamp war nun die Abteilung, aus der das Deputat stammte, soweit Buchenholz überhaupt anfiel. Zu den Pflichten des Lehrlings gehörte es, das Deputatholz zu spalten, das waren – ich hoffe, dass ich mich recht erinnere – mehr als zwanzig Raummeter pro Jahr. Beim Holzspalten habe ich einen gewissen Ehrgeiz entwickelt. Dass die Axt messerscharf war, der Eschenstiel eine gut geschwungene Form in der richtigen Länge hatte, war selbstverständlich. Der horizontal stehende Hackklotz hatte einen Durchmesser von ca. 70 cm. Das Deputatholz wurde vom Besitzer einer Bandsäge in etwa 25 cm lange Klötze gesägt und auf einen Haufen geworfen. Mein Ehrgeiz bestand nun darin, das zu spaltende Stück so zu schlagen, dass die Scheite zur Seite kippten ohne vom Hackklotz zu fallen und ohne dass die Axt im Hackklotz stecken blieb. Der erste Hieb spaltete den Klotz in der Mitte. Dann wurde eine Hälfte ergriffen und in schnellem und sehr gleichmäßigen Takt die einzelnen Scheite in der sachgemäßen Stärke so abgespalten, dass jeder gerade vom Hackklotz fiel. Blieb die Axt an einem vorher nicht zu sehenden Ast stecken, galt mir das als fehlerfreier Hieb. Äste, die erkennbar waren, hatten sich dem sauberen Hieb zu fügen. Es war schließlich ein Vergnügen, auf diese Weise Holz zu spalten, auch wenn es sich um größere Mengen pro Tag handelte.

Klettern und Skifahren mit Freunden

Schierke ist der dem Brocken nächstgelegene Ort. Schierke gehört politisch zum preußischen Regierungsbezirk Magdeburg im Land Sachsen-Anhalt. Die Gemeinde Schierke mit dem Brocken grenzt an das Land Niedersachsen und Braunlage, der südliche Nachbarort, war in gewisser Weise so etwas wie Ausland. Braunlage lag damals einfach außerhalb meines Raumbewusstseins. Obwohl mir der Wurmberg, der mit seiner Sprungschanze zu Braunlage gehörte, unmittelbar vor Augen lag, bin ich während des Krieges nie nach Braunlage oder auf den Wurmberg gekommen. Ich hatte ein Fahrrad, mit dem ich aber nur selten am Sonntag unterwegs war.

Meine Welt war klein und alles in ihr immer zu Fuß zu erreichen. Die Heinrichshöhe und der Brocken selber lagen nicht mehr im Schierker Forstrevier, aber ich war oft dort oben, weil ich mit meinen Freunden an allen Wochenenden unterwegs war, besonders gern in den und auf den großen Klippen des Renneckenberges. Hierher führten allein Pirschwege, die ich sogar freiwillig pflegte. Zu den Attraktionen Schierkes gehören die Feuersteinklippen oberhalb des Bahnhofes. Auf die Feuersteine führte Emil Flüger, ein Schierker Urgestein, mit einer hübschen Tochter, Christel. Der Kleine Schierker Feuerstein ist eine Klippe, die ringsum ziemlich senkrecht aufsteigend und deshalb schwierig zu klettern ist. Wer aber die Griffe kennt, ist in weniger als fünf Minuten oben – möglicherweise sogar in nur drei Minuten. Wer will, kann sich in das Gipfelbuch eintragen, das in einem Blechkasten lag: meine Freunde und ich haben uns da aber nicht verewigt. Emil Flüger hatte eine «Bergsteigerausrüstung», das heißt, zwei Kletterseile, die er immer über der Schulter trug und die wir benutzen durften. Ich erinnere mich an nicht ganz nüchterne Klettereien, wobei es zum Ehrgeiz gehörte, mit nur drei Abschwüngen die ganze Höhe abzuseilen. Beim Versuch, das mit zwei Abschwüngen – wie gesagt, nicht ganz nüchtern – zu schaffen, ging die Nackenhaut verloren. Normalerweise läuft das Seil über das Hemd oder den Anorak. Der blanke Nacken ist für so etwas nicht geeignet. Hinauf sind wir prinzipiell ohne Seil geklettert, auch auf der schwierigsten Route am Nordhang. Es ging aber immer gut.

Der Krieg war 1944 für mein Erleben etwas Unwirkliches. Die englischen oder amerikanischen Bomberpulks am Himmel wurden mit fatalistischer Dumpfheit beobachtet. Wenn man das Gefühl in Gefahr zu sein als etwas Unwirkliches erleben kann, so war es diese Stimmung, die sich hier oft täglich einstellte, besonders wenn ich auf dem Erdbeerkopf Feuerwache zu halten hatte. Auf dem Erdbeerkopf stand damals der Feuerwachturm, zu dem eine Telefonleitung führte, die ich zwar nicht gebaut hatte, aber unterhalten musste. Die Leitung bestand aus einem isolierten Kabel, das an den Fichtenstämmen befestigt war. Ich hatte einen Kurbelkasten, mit dem ich im Forsthaus das Telefon klingeln lassen konnte, falls die Leitung nicht gerissen war. Das geschah regelmäßig, oft zweimal in der Woche. Um festzustellen, wo der Defekt lag, wurde mit einem Stahlstift das Kabel durchbohrt. Klingelte es im Forsthaus, wenn ich kurbelte, dann war die Leitung oberhalb dieser Stelle gebrochen.

Vom Feuerwachturm auf dem Erdbeerkopf konnte ich die Bomberpulks in Richtung Berlin fliegen sehen. Ein einziges Mal wurde einer dieser Bomber abgeschossen – was ich nicht selbst beobachtet habe –, und der Pilot sprang mit dem Fallschirm ab. Um ihn zu suchen, gab es eine größere Polizeiaktion zwischen Renneckenberg und Dreiannenhohne, zu der auch Franz Materne und ich eingeteilt wurden. Wir waren wie immer beide bewaffnet. Ehe wir aus dem Haus gingen sagte er zu mir: «Ich habe noch niemals auf einen Menschen geschossen.» Der Amerikaner wurde nicht gefunden, jedenfalls habe ich davon nichts gehört. Außerdem stimmte es wahrscheinlich nicht, dass er nie auf einen Menschen geschossen hat. Am Ende der zwanziger oder am Beginn der dreißiger Jahre wurde in Schierke gewildert. Franz Materne hat den Wilderer eines Tages in der Nähe des Renneckenberges gestellt, wurde von diesem angegriffen und hat dem Mann daraufhin den linken Oberarm durchschossen – jedenfalls wurde das von Emil Flüger erzählt. Die Blutspur des flüchtenden Mannes konnte bis nach Dreiannenhohne zurück verfolgt werden, doch es wurde nie entdeckt, wer der Wilderer war. Franz Materne hat nie davon gesprochen, so dass ich nicht weiß, ob das Ganze nur eine Legende ist.

Der Harz ist die Landschaft, oder genauer das Brockenmassiv im Oberharz ist die Landschaft, in der ich Heimatgefühle entwickelt habe, die ich bis heute spüre. Wenn die Nebel ziehen und der Regen von den Fichten tropft, wenn ein Windhauch durch die Kronen zieht, der Granitgrieß unter den Füßen knirscht oder das nasse Moos des Bruches lautlose Stille schafft, gibt es hier eine geheimnisvolle Stimmung, die den Harz unergründlich erscheinen lässt.

Bei schneidendem Frost in der hellen Winterkälte auf Skiern über das Jacobsbruch, den Glashüttenweg und die Heinrichshöhe zu fahren und zu sehen, wie sich die Gestalten der Fichten verändern, immer kleiner werden und die Zitzen der Astansätze immer stärker hervortreten je höher man hinaufkommt, bleibt mir unvergessen. Vor der Baumgrenze hüllt der Raureif mit scharfen Eisfahnen die Ostseite der zwergwüchsigen Fichten ein, die Westseite ist vom Schnee glatt gestrichen. Wenn mir der Wetterwart, Herr Glas, die Tür zum Eingang in den Turm der Wetterwarte öffnete, war ich zu Hause. Hier konnte man sich aufwärmen oder oben im Sturm stehen, wenn die Elmsfeuer an allen Vorsprüngen zuckten. Herr Glas war ein schweigsamer Mann, der seine Pflichten in der Wetterwarte auf dem Brocken wohl geliebt haben muss. Ich habe ihn nie außerhalb der Wetterwarte angetroffen.

Die Skiabfahrt vom Brocken führte regelmäßig durch das Eckersloch, es war die steilste Abfahrt, doch man gelangte ohne große Mühe wieder bis Oberschierke. Hier nahm mich die Welt mit ihrer Gegenständlichkeit und den Pflichten des Alltags wieder in Beschlag, bis ich im Oktober 1944 zum Arbeitsdienst eingezogen wurde, noch nicht einmal siebzehn Jahre alt.

Das Kriegsende:
Oktober 1944 bis Juli 1945

Reichsarbeitsdienst in Tuschamala

Der Einberufungsbefehl erreichte mich in Schierke. Ich hatte mich in Magdeburg mit einer vorgeschriebenen Ausrüstung – es waren meine Zivilkleider, nicht die Forstuniform – an einem bestimmten Ort einzufinden. Ohne Angabe eines Zieles ging es mit der Bahn nach Westpreußen, wie Polen damals hieß. Wir wurden in Milau (Mlawa) ausgeladen und marschierten wohl in südwestlicher Richtung. Auf meine Frage nach etwa einer Stunde Marsch, wie weit es noch sei, erhielt ich «noch eine Stunde» zur Antwort. Nach dieser Stunde wurde die Frage mit «noch zwei Stunden» beantwortet. Ich habe nicht wieder gefragt. Das menschenunwürdige Ausmaß der Behandlung in dem Arbeitsdienstlager in Tuschamala, so hieß das Dorf in der Nähe, wurde mir erst nach einigen Tagen bewusst. Wir lebten in einer Holzbaracke, in der wohl mehr als zehn doppelstöckige Betten und ein Kanonenofen standen. Für jeden gab es einen schmalen Spind. Warum ich Stubenältester wurde, habe ich erst später geahnt: ich muss meinem Vorgesetzten vom ersten Moment an unsympathisch gewesen sein. Er hieß Lau, bekleidete den Rang eines «Hauptvormann» und versuchte sofort, mich zu schikanieren. Ein Beispiel: Ich hatte das «Schaftpflegemittel» und weiteres Putzzeug für die Infanteriewaffen – Gewehre polnischer Bauart, die ich vorher nie gesehen hatte – zu verwalten. Auf seine Frage, was ich mit der Portion vorhätte, die er mir zugeteilt hatte, habe ich ihm frech geantwortet: «Die nehme ich meiner Mutter als Bohnerwachs mit!» Daraufhin hat er einen schriftlichen Bericht über mich angefertigt wegen Veruntreuung von Wehrmachtseigentum, aufgrund dessen ich zu einer Stunde Strafexerzieren mit dem ewigen «Auf, auf, marsch – marsch!» und «Hinlegen!» verurteilt wurde. Beim Hinlegen trat er mir jedes Mal auf die Fersen, weil ich diese seiner Überzeugung nach nicht flach genug hielt.

In meiner «Stube», so wurden die Barackensäle genannt, gab es einige Arbeitsdienstmänner, die aus Berliner Arbeitervierteln stammten und sich mit mir in meiner sich entwickelnden verbitterten Opposition gegen die Behandlung solidarisierten. Einer, auf den ich mich dabei eisern verlassen konnte, war Heinz Piesker. Ich nannte ihn Piesker, er mich Göbel. Wir redeten uns – ich weiß nicht, weshalb – nicht mit dem Vornamen an. Es wurde Schießen geübt. Das konnte ich. Nach wenigen Schüssen wusste ich, wohin ich halten musste, im Prinzip schoß die Waffe ziemlich gut, sie hatte so gut wie keine Streuung. Lau stand im Deckungsgraben unter den Schießscheiben und zeigte die Treffer an. Er hatte ein Scherenfernrohr, mit dem er aus der Zieldeckung heraus die Schützen beobachtete, was verboten war. Ich weiß bis heute nicht, warum es dieses Scherenfernrohr gab und warum man es nicht benutzen durfte. Sicherlich war er ziemlich erschrocken, als die Optik der einen Schere auseinanderflog. Die schriftliche Beschwerde seinerseits führte dazu, dass ich vor dem Lagerleiter zu erscheinen hatte um den Vorfall zu erklären. «Ich habe verwackelt.» Das kommt vor. Diesmal gab es keine Folgen.

Auch Piesker schoß gut und ich habe immer mit ihm vorbesprochen, wo die Schüsse auf der Scheibe zu sitzen haben. Also waren wir beide schlechte Schützen und als solche bekannt. Abgesehen davon, dass wir Schützengräben auszuheben hatten, denn die Front kam näher, wurde auch anderes für den Kriegseinsatz geübt, zum Beispiel das Werfen scharfer Handgranaten. Jedenfalls sollte nach endlosen Übungswürfen mit Attrappen eine scharfe Granate geworfen werden. Dazu hatte Lau natürlich mich ausersehen. Die Übungsanlage bestand aus einem etwa zwei Meter tiefen Graben von vielleicht zwanzig Metern Länge. Kurz vor dem Grabenende war die Attrappe einer Hauswand mit einer Fensteröffnung aufgebaut. Durch diese Fensteröffnung hatte man die Handgranate zu werfen. Ein Querwall schützte alle Übenden. Der Werfer lag in einer eigenen Deckung mit Wall, die tiefer als der Graben war und die ebenso Splitterschutz bot wie der Querwall für die anderen. Auch Lau hatte hinter dem Querwall in Deckung zu gehen, wie ich aus der Dienstanweisung wusste. Er aber stand neben der Hausattrappe, allerdings soweit seitlich, dass er durch Splitter nicht gefährdet war. Er schickte mich über eine halbe Stunde mit «Auf, auf, marsch – marsch» und der scharfen Handgranate über das Gelände, bis ich nicht mehr konnte und vor Wut kochte. Die Handgranate flog aus dem Graben heraus vor seine Füße. Er hat gut reagiert, stieß sie mit dem Fuß in den Graben zurück, warf sich nach hinten und die Splitter flogen über ihn hinweg. Als er wieder hervorkam, war er ziemlich weiß im Gesicht. Auch dieses Ereignis führte zu einem langen, protokollierten Verhör beim Lagerleiter. Weil Lau mich mehr als eine halbe Stunde bis zur Erschöpfung schikaniert hatte, wurde die Angelegenheit als Unfall behandelt. Die Tatsache, dass er sich eindeutig befehlswidrig verhalten hatte, rettete mich. Allerdings war ich von nun an das Opfer für alle Vorgesetzten der unteren Dienstränge. Da ihre Bosheiten aber unauffällig blieben, muss es eine entsprechende Anweisung der Lagerleitung gegeben haben, Schikanen fortan zu unterlassen. Lau hat sich krasse Übertretungen nicht wieder erlaubt.

Um Weihnachten gebührend zu feiern – vielleicht war es auch eine Abschiedsfeier, denn dies ereignete sich in den ersten Tagen des Jahres 1945 –, erhielt jeder Arbeitsdienstmann gleich welchen Ranges einen halben Liter Alkohol. Auch Lau trank seinen Anteil, während Piesker und ich uns bewußt zurückhielten. Piesker hat – wir waren uns da einig – Lau seinen Alkohol angeboten und nach einiger Zeit, als es auch im Ganzen laut wurde, war Lau betrunken. Schließlich hat Piesker ihm auch meinen Alkohol eingefüllt. Als die Feier insgesamt aus dem Ruder lief – ein halber Liter Alkohol pro Mann tut schließlich seine Wirkung –, wurde Lau von uns beiden, die als einzige nüchtern waren, in die Waschbaracke gebracht und so, wie er war, geduscht. Wir ließen ihn danach einfach liegen. Er kam ins Lazarett, hat die Sache überlebt und ich habe ihn nicht wieder gesehen.

Das ganze Lager musste antreten und jeder Einzelne wurde gefragt, ob er diesen Vorfall beobachtet habe. Es wurden drei Tage Strafexerzieren angeordnet; und wenn einer etwas bemerkt hätte, wäre es auch herausgekommen. Drei Tage Strafexerzieren macht man nicht mit, wenn man etwas weiß. Ich bin dreimal von verschiedenen Vorgesetzten zu dem im Waschraum aufgefundenen Lau verhört worden. Piesker wurde nicht gesondert verhört. Wir wurden Anfang Januar 1945 entlassen, wieder in Zivil, ohne Mantel und frierend. Man hörte in der Ferne den Geschützdonner der russischen Offensive, die an diesem Tag begann und erst in Berlin und an der Elbe zum Stehen kam. Wir haben auch hier Glück gehabt, denn es fuhr noch ein Zug über Danzig und Berlin bis Magdeburg. Piesker habe ich nicht wieder gesehen.

Mitbekommen habe ich außer dem Soldbuch eine Gasmaske mit Büchse, die im Soldbuch verzeichnet war. Das Soldbuch diente den Wehrmachtsangehörigen als Personaldokument.

KZ-Haft und Zwangsarbeit: wieviel ich wusste

Zu Hause angekommen, fand ich erneut einen Einberufungsbefehl vor. Ich hatte mich auf Rat meines Vaters freiwillig zu den «Goslaer Jägern» gemeldet, um nicht zur SS eingezogen zu werden. Die Goslaer Jäger waren das forstliche Traditionsregiment aus der Zeit vor dem Dritten Reich. In der Nazizeit hatte man sich freiwillig zur Division Hermann Göring zu melden. Offiziell hießen die Goslaer Jäger «Grenadier-Ersatz- und Ausbildungsbataillon Nr. 17 Braunschweig». Ich sollte mich also in Braunschweig an einem bestimmten Tag in der Marslatour-Kaserne melden.

Stattdessen fuhr ich aber nach Schierke. Franz Materne war zum Kriegsende stellvertretender Forstmeister im Forstamt Büchenberg geworden und veranstaltete an dem Tag, an dem ich in Braunschweig antreten sollte, eine Saujagd im Revier Benzingerode. Soviel ich mich erinnere, war ich der einzige der Jagdgesellschaft, der auf eine Sau geschossen hat: leider vorbei. Franz Materne sagte, ich solle selber wissen, wann ich nach Braunschweig fahre. Wäre ich nicht von mir aus gegangen, hätte er mich sicher nicht fortgeschickt, sondern bei sich aufgenommen, denn der Krieg war ohnehin verloren. Außerdem war Materne ein entschiedener Gegner der Nationalsozialisten, wie ich im Spätsommer meiner Lehrzeit durch Zufall erfahren habe.

Während eines nächtlichen Toilettengangs hörte ich leise ein Radio auf dem oberen Boden. Ich schlich die Treppe hinauf und ortete die Radiogeräusche hinter den aufgestapelten Hirschgeweihen. Ich bemerkte zum ersten Mal einen Vorhang aus einer abgenutzten Decke, der zwischen dem schrägen Dach und den Geweihen hing. Als ich hinter diese Decke blickte, erschrak ein alter Mann, der mich anstarrte. Ich klopfte an Franz Maternes Schlafzimmertür und berichtete, was ich gesehen hatte. Er sagte: «Na, dann kannst Du ja zur Parteileitung gehen, aber erst morgen früh. Dann erzähle ich dir, wer das ist, den Du da gesehen hast.» Es handelte sich um Kurt Nebe, der vor der Nazizeit Parteisekretär der SPD in Magdeburg gewesen war. Als KZ-Häftling konnte er bei einem Waldeinsatz flüchten. Franz Materne fand ihn im Schierker Wald und versteckte Nebe auf seinem Dachboden. Während des Frühstücks schwieg Franz Materne, erst danach, als ich vor seinem Schreibtisch stand, erzählte er mir, was er von Kurt Nebe wusste. Und dann sagte er: «Nun kannst Du gehen.» Ich ging wie gewohnt an meine Arbeit. Während des Krieges wurde Kurt Nebe zwischen uns nicht wieder erwähnt. Man muss bedenken: Ich war noch keine 17 Jahre alt. Die KZ-Greuel waren zumindest mir nur als dunkle Andeutung bewußt.

Allerdings wußte ich über die Zwangsarbeit im Dritten Reich Bescheid, denn meine Mutter hatte sich um eine Ostarbeiterin als Haushaltshilfe beworben. Zum Höhepunkt der Hitlerschen Kriegserfolge wurden aus Russland und der Ukraine sogenannte Ostarbeiter zwangsverpflichtet, die vor allem für die Kriegsindustrie zu arbeiten hatten. Nun kam Jekaterina Olineg aus einem Dorf in der Nähe von Poltawa in der Ukraine zu uns. Jekaterina wohnte wie die Söhne auch in einer Bodenkammer. Anfänglich war sie voller Angst und Furcht. Sie wird aus ihren ländlichen Lebensverhältnissen mit Gewalt herausgerissen worden sein. Jekaterina lebte im Haushalt so wie alle anderen, lernte sehr schnell Deutsch, war wach und intelligent und dazu noch ein sehr schönes Mädchen. Sie gewann schnell Freunde unter anderen Ostarbeitern und ich bin nachträglich ziemlich sicher, dass sie sich zumindest um passiven Widerstand bemüht hat. Eines Tages kam heraus, dass sie von ihrem Geliebten schwanger geworden war. Meine Mutter hat ihren Zustand so gut als möglich gedeckt und es ging so lange gut, bis Jekaterina zur Arbeit in den V II-Werken in der Nähe von Nordhausen abgeholt wurde. Meine Mutter hat mit den SS-Leuten geredet, die sie mitgenommen haben. Sonst hätte sie wohl auch nicht erfahren, wohin sie gebracht worden ist. Niemand hat von Jekaterina wieder etwas gehört und wir hatten alle das Gefühl, dass sie die Zwangsarbeit nicht überlebt hat. Der letzte Brief an Jekaterina kam nach ihrem Abtransport an, meine Mutter hat sich bemüht, ihn nachzusenden. Die Jekaterina-Stimmung blieb in mir als Gefühl einer Bedrohung, die anonym war und als dunkler Schatten wirkte. Mit dieser Erfahrung könnte zusammenhängen, dass ich Franz Materne nicht wieder auf Kurt Nebe angesprochen habe. Trotzdem lebte ich in einem inneren Zwiespalt zwischen der Lebenswirklichkeit in Schierke und den politischen Verhältnissen der Nazizeit.

Spieß Maier in Braunschweig

Obwohl mich Franz Materne Anfang Januar 1945 wohl in Schierke behalten hätte, wenn ich darum gebeten hätte, fuhr ich also mit zwei Tagen Verspätung nach Braunschweig. Ich will versuchen, die Schizophrenie, in die ich eingespannt war, zu beschreiben.

Auf der einen Seite bedrängten mich dumpfe Gefühle der Bedrohung und Hoffnungslosigkeit. Die Vorfälle mit Jekaterina Olineg und Kurt Nebe hatten ihre Spuren hinterlassen, ebenso der Anblick der zerbombten Städte und das Wissen um die desolate Kriegslage. Auf der anderen Seite konnte ich mich der Propaganda vom öffentlich gepredigten nahen Endsieg nicht entziehen, die Ideologie des deutschen Soldatentums wirkte ebenso stark auf mich ein. Ich habe erst in der Marslatour-Kaserne einen Menschen getroffen, bei dem Gemütslage und Begrifflichkeit einigermaßen zusammenklangen. Für mich aber existierten zwei Welten, die sich nicht mit einander vereinbaren ließen.

Als ich bei der Wache an der Marslatour-Kaserne in Braunschweig mein Soldbuch vorzeigte, sagte der Wachhabende: «Na, da kannst Du Dich ja auf einiges gefasst machen, melde Dich beim Spieß.» Ich meldete mich also beim Spieß der 2. Kompanie. Er hieß Maier und stammte aus Köln-Ehrenfeld. Der Spieß ist die eigentliche Respektperson in einer Kompanie. Ich trat in sein Dienstzimmer ein und sagte: «Ich weiß, dass ich zwei Tage zu spät komme und die im Soldbuch eingetragene Gasmaske habe ich weggeworfen.» Er saß auf einem Stuhl an einem Tisch, drehte sich zur Seite und ich bemerkte nicht gleich, dass er links eine Beinprothese trug. Er blickte mich eine Weile an und sagte in einem sehr milden Ton: «Na, was haben sie denn mit Dir gemacht, erzähle mal.» Ich schwieg bis er fragte: «Dass Du zu spät kommst, hast Du ja schon gesagt, weshalb denn?» Sein Ton behielt die Milde und nach einiger Zeit habe ich ihm den Grund genannt. Er frug weiter und schließlich habe ich ihm auch einen Teil meiner Arbeitsdiensterlebnisse erzählt. Ich denke, dass das Gespräch lange dauerte; er ließ mich vor allem reden und hörte zu. Als die gegenseitige Sympathie entwickelt war, meinte er: «Wir treffen jetzt eine Verabredung. Ich sorge dafür, dass Du nicht im Bau landest, was nicht leicht werden wird. Aber ich denke, es wird gehen – und Du versprichst mir in die Hand, dass Du mir keinen Ärger machst.» Ich habe es ihm versprochen und mich daran gehalten.

Wenige Tage später waren Schießübungen mit dem Maschinengewehr MG 42 angesetzt: gezielte Einzelschüsse. Mein Maschinengewehr schoß so miserabel, dass ich mich für die mittelmäßigen

Ergebnisse schämte, aber der Spieß erklärte, mit diesem Mistding hätte noch keiner besser geschossen. Auf dem Schießstand herrschte eine ungute Stimmung und weil ich mich an mein Versprechen hielt, geriet ich sofort in die Rolle des Außenseiters. Jemand stieß mich von hinten und trat, während ich bereits fiel, gegen mein unteres Bein: Mein linker Unterschenkel war gebrochen.

Ich kam ins Lazarett, das nicht weit von der Kaserne entfernt lag, so dass mich Spieß Maier zweimal besuchte. Den Beinbruch kommentierte er mit dem Satz «So ist die Welt nun einmal.» Die anderen Verwundeten waren zum Teil schlimm dran – ich schien der leichteste Fall im ganzen Hause zu sein. Beim zweiten Besuch sprach Spieß Maier über den Verlust seines linken Unterschenkels in Russland. Das war auch der Grund, weshalb er Ausbilder geworden war, denn eigentlich hätte er an der Front stehen müssen. Was mir erst nach dem letzten Besuch auffiel war die Tatsache, dass er keine einzige Auszeichnung trug, auch kein Verwundetenabzeichen.

Fronteinsatz und amerikanische Kriegsgefangenschaft

Ich wurde in ein Lazarett für Leichtverwundete verlegt, das ich mir sogar aussuchen durfte. Ich ließ mich nach Schierke verlegen. Nachdem mein Gips abgenommen war und ich wieder schmerzfrei laufen konnte, wurde ich einer Kampfgruppe Maier – es war ein anderer Maier und zwar ein Major – zugeteilt. Der Krieg war inzwischen fast zu Ende, die Ardennenfront zusammengebrochen und der Harz von den Amerikanern eingekesselt. Warum ich hier zum Schluß noch einmal Krieg gespielt habe, ist mir im Nachhinein selber unverständlich. Die letzte Kriegsnacht lag ich im Heu der Scheune der Revierförsterei Dreiannenhohne. Die Nachrichtenlage war noch intakt, so dass uns Major Maier mitteilen konnte, von wo der Angriff der Amerikaner zu erwarten sei. Der kleinere Teil seiner Kampfgruppe lag im Jacobsbruch. Wegen meiner Ortskenntnis sollte ich die Leute dort abholen und über den Hohnekamm nach Dreiannenhohne führen.

Der Versuch scheiterte, denn ich geriet in einen von Westen her kommenden Infanterieangriff, bei dem ich – man sollte das fast nicht glauben – zurückschoss. Daraufhin beschossen die Amerikaner das Gebiet mit Granatwerfern. Ich lag am Hang eines Baches, über mir Fichten. Eine Granate explodierte in der Fichtenkrone über mir und ich merkte, wie ich staunte, als ich mich von oben sah und nicht verstand, warum das Wasser so rot war. Das linke Fußgelenk war beträchtlich verletzt. Der über mir auftauchende Amerikaner fragte: «Where is your watch?» Das gab es nicht nur bei den Russen.

Ich wurde durch den Wald geschleift, wobei ich das Bewusstsein verlor. Erst auf einem Gefangenensammelplatz kam ich wieder zu mir, als ein Sanitäter mein Fußgelenk versorgte. Hier sah ich zum ersten Mal afroamerikanische Soldaten. Wir wurden auf LKWs verladen. Die meisten standen, ich durfte liegen.

In Wernigerode wurden wir in eine Mittelschule gebracht, die sich unmittelbar gegenüber einem Bahnübergang befindet. Trotz meiner Schmerzen wurde ich in den 2. Stock, wenn man das Hochparterre mitrechnet, in den 3. Stock, geschleppt. Am dritten Tage begann die Wunde dermaßen zu nässen und auch zu stinken, dass mich die Amerikaner in einem geschlossenen Wagen in ein Lazarett brachten. Der Arzt meinte, er habe keine Möglichkeit für eine Anästhesie, er könne die Wunde aber sterilisieren. Wenn ich meinen Fuß behalten wollte, solle ich das ertragen. Ich wurde festgebunden und die Wunde mit Jod ausgewaschen, dabei verlor ich das Bewusstsein. Der Arzt ließ in dem Gips über der Wunde ein Loch frei. So versorgt wurde ich zurückgebracht – immerhin konnte ich mit dem Verband humpeln.

Wegen meiner Fußverletzung brauchte ich den täglichen halbstündigen Hofgang der Gefangenen nicht mitzumachen. Ich verbrachte diese halbe Stunde allein auf dem Schulflur, in dessen Schrank ich Luftschutzgeräte fand, unter anderem auch ein Rettungsseil. Mit diesem Seil habe ich mich nachts um zwei Uhr aus dem Fenster abgeseilt. Zwei weitere Gefangene wollten ebenfalls flüchten, es ist aber nach mir niemand mehr aus dem Fenster gestiegen. Das Seil war nicht lang genug, was in der Nacht nicht zu bemerken und nun auch nicht mehr zu ändern war. Ich habe mich fallen lassen, beim Aufkommen brach der Gips. So schnell ich konnte bin ich auf den Bahnübergang gelaufen und zwischen den Gleisen, meist gebückt, aus Wernigerode herausgekommen. Vor dem Morgengrauen war ich in der Revierförsterei in Benzingerode. Keiner der Amerikaner hat das Ganze bemerkt. Der Revierförster dort nahm mich aus Angst nicht auf.

Als die Sonne aufging, saß ich auf dem Heuboden einer Wildfütterei und blickte vom Nordrand des Harzes auf das Harzvorland. Der Morgen des 9. Mai 1945 war wolkenlos und windstill. Es herrschte völlige Stille. Ich hörte meinen Pulsschlag im Ohr. Zum ersten Mal seit Jahren kein Dröhnen der Bombenpulks, keine Bombendetonationen, keine Artillerie, kein Pfeifen der Infanteriegeschosse. Absolute Stille. Halberstadt sah ich brennen und die Rauchwolken von Magdeburg waren am Horizont zu erkennen.

Ich legte mich ins Heu und band die Tür von innen mit einem Schnürsenkel zu. Stimmen kamen näher, jemand stieg die Leiter auf den Heuboden hinauf, der Schnürsenkel riß und vor mir standen zwei sehr junge deutsche Offiziere. Wir waren alle drei ziemlich erschrocken. Sie hatten einen Rucksack voller Büchsen, aber alle enthielten Jagdwurst. Ich bekam eine Büchse. Ich hatte seit drei Tagen nichts mehr gegessen und mit der Jagdwurst habe ich mir einen Durchfall geholt, der schwer zu beherrschen war. Vom oberen Hang des Nordharzes lief ich ohne Wege zu benutzen durch die Fichtenbestände in Richtung Büchenberg, um zum Forstamt zu kommen. Dabei musste ich die Straße von Wernigerode nach Elbingerode überqueren, was sich wegen der ständig vorbei fahrenden amerikanischen LKWs – einmal dröhnte sogar ein Panzer vorbei – schwierig gestaltete. Während ich auf eine Passiermöglichkeit hoffte, versteckte ich mich am Straßenhang. Schließlich erschienen Polen zu Fuß, die eine ganze Zeit verweilten und sich unterhielten. Ich hatte Schmerzen und wollte nicht mehr. Mit meiner 08-Pistole in der Hand querte ich die Fahrbahn. Das Geschrei war groß, aber keiner der Polen wagte es, mich aufzuhalten.

In Büchenberg war der Revierförster Fierschke über meinen Zustand einigermaßen entsetzt. Die Gebäude wurden, so sagte er, zweimal täglich von den Amerikanern kontrolliert, aber er wollte mir helfen, so gut es ging. Seine Frau beschaffte mir eine einigermaßen passende Forstuniform und über den linken Fuß zog ich einen seitlich aufgeschnittenen Schuh. Fierschke und ich haben beide gemeinsam das Hakenkreuz aus dem Dienststempel des Forstamtes herausgeschnitten und mir einen Dienstausweis produziert, auf Deutsch und Englisch. Pistole und Soldbuch wurden fortgeworfen: jetzt war ich wieder Forstlehrling in Schierke. Auf der Straße nach Dreiannenhohne – ich lief jetzt nicht mehr durch den Wald – wirkte mein Ausweis bei einem amerikanischen Kontrollposten Wunder: Der Amerikaner schenkte mir eine Büchse Bonbons und ließ mich laufen.

In Schierke saß Frau Materne vor der Küche der Revierförsterei und weinte. Im Haus wohnte eine amerikanische Einquartierung und diese Leute hatten die Bruteier ihrer Truthühner in die Pfanne gehauen und waren gerade dabei, daraus Spiegeleier zu braten. Ich habe laut gebrüllt und die Amerikaner aus der Küche geworfen. Frau Materne war dafür, dass die Eier von allen gemeinsam verzehrt wurden.

Mit meinem Bein ging es nicht so weiter, mir blieb keine Wahl, ich musste wieder ins Lazarett, das im Hotel Hoppe stationiert war. Der Stabsarzt war froh, mich aufnehmen zu können. Einer seiner Patienten war geflohen und er war für die Zahl der Gefangenen verantwortlich, die nun wieder komplett war.

Im Juni wurden alle amerikanischen Gefangenen aus den Lazaretten in ein ehemaliges Reichsarbeitsdienst-Lager nach Elbingerode verlegt, dessen Baracken jetzt mit Stacheldrahtzäunen gesichert waren. Wir haben dort wirklich nichts zu essen erhalten und schließlich auch Gras gekocht. Mir ging es etwas besser, weil ich zum Putzer des Sergeanten Long aus Texas ernannt wurde. Es gab im Lager Kleiderläuse, die uns in gewisser Weise retteten. Als ich Sergeant Long eine Streichholzschachtel mit sechs Läusen zeigte, erschrak Long dermaßen, dass wir noch am gleichen Nachmittag zum Entlausen in ein fünf Gehminuten entferntes Lazarett gebracht wurden. Dort wurden wir in Gruppen von wohl zwanzig Leuten nicht nur entlaust, sondern auch von deutschen Krankenschwestern hervorragend versorgt. Nach drei Tagen zeigte ich Long wieder eine Schachtel mit Läusen und die Prozedur begann von neuem. Nur die Uniformen, ich hatte inzwischen wieder eine reguläre, wurden deutlich brauner, die Temperatur in der Entlausungseinrichtung war wohl erhöht worden. Wieder waren wir satt.

Beim dritten Versuch hielt Long mir eine Rede und versicherte, dass ich in Zukunft von Läusen aufgefressen werden könne, bevor er uns noch einmal ins Lazarett schicke. Aber wir wurden tatsächlich zum dritten Mal entlaust, das war dann auch das Ende der Läuse und wir haben wieder gehungert.

Als das Lager aufgelöst wurde, mussten wir von Elbingerode zum Bahnhof in Wernigerode marschieren. Ich war ziemlich verhungert, hatte Schmerzen im Bein und auf dem Wernigeroder Bahnhof war ich dermaßen erschöpft, dass ich mich unter eine Kastanie legte. Eine Hand hob meinen Kopf, ich schlug die Augen auf und ein liebreizendes Mädchen lächelte mich an, gab mir einen Kuß und etwas zu trinken. Es war der erste Kuß in meinem Leben. Ich habe das Mädchen nie vergessen und sehe noch heute ihre schönen Augen über ihrem fast offenen Busen, wie sie neben mir kniete und sich über mich beugte. Kein Wort wurde gewechselt. Der Posten brüllte, wir mussten aufstehen und ihr Lächeln verschwand. Ich habe sie nie wieder gesehen.

In englischer Kriegsgefangenschaft

Als wir in Oschersleben aus dem Viehwagen ausgestiegen und nach Niendorf marschiert waren, hatten uns die Amerikaner an die Engländer verschenkt. Unser Quartier war der Heuboden über einem Kuhstall mit – ich schätze mal – mehr als zwanzig Stück Vieh. Die Stallungen und eine größere Villa gehörten zu einem herrschaftlichen Gut. Wir hatten anzutreten und ein englischer Major mit einem Stöckchen unter dem Arm trat vor die Front und redete uns mit «meine Herren» an. Der Stilwechsel zwischen dem Auftreten der Amerikaner und dem der Engländer war schlagend. So hatte uns noch nie jemand angeredet. Der Offizier ließ seine Rede übersetzen und sie hatte etwa zum Inhalt, dass der Krieg vorbei sei, dass man damit zu rechnen habe, bald entlassen zu werden, die jüngsten zuerst und dass es sinnlos sei, zu fliehen! Wenn wir ihm per Ehrenwort versichern würden, dass keiner flieht, wäre er bereit, die Wachmannschaft abzuziehen und stattdessen einen täglichen Zählappell einzuführen. Erst herrschte Schweigen, danach baten wir um 24 Stunden Bedenkzeit und erklärten uns am nächsten Tag durch einen Sprecher mit diesen Bedingungen einverstanden – deutsche Offiziere gab es nicht in diesem Lager. Die Wachmannschaft wurde abgezogen und keiner ist geflüchtet.

Die Verpflegung, die es schon am Abend des ersten Tages gab, bestand aus einer dicken Erbsensuppe mit unglaublichen Mengen Rindfleisch, vielleicht waren sogar 30% der Menge Rindfleisch. Nur gab es das immer, morgens, mittags, abends, der Major hatte nichts anderes für uns. Nach einigen Tagen kann man das nicht einmal mehr riechen.

Ich habe zwei Reusen gebaut um im Gutsteich Karpfen zu fangen. Die Kühe im Stall unter uns waren durch ein Seil erreichbar, sie wurden gemolken, es gab Milch, Sahne und saure Milch. Die frisch gelegten Kartoffeln auf den Äckern waren kaum erst gekeimt und schmeckten gut. Es stellte sich heraus, dass der Heuboden zum Teil Erbsenstroh enthielt, aus dem noch Erbsen gesammelt werden konnten. Mit Kränzen vom Friedhof verstopfte ich die Kaninchenröhren, deren es reichlich in einem Damm gab, der vielleicht einmal ein Bahndamm hätte werden sollen. Ich legte mich vor Sonnenaufgang auf den Damm und wenn die Kaninchen ins Feld gerückt waren und ich ihre Röhren in 80 cm Tiefe verstopft hatte, jagten die Kameraden – so hieß man damals – die Kaninchen zurück in ihren Bau. Ich brauchte nur nachzugreifen, um einige an den Ohren zu haben. Wir speisten Karpfen blau und Kaninchenrücken an Sahnesoße mit Petersilienkartoffeln, alles in Gasmaskenbüchsen im Straßengraben gekocht.

Wir wurden wohl Ende Juli 1945 in Magdeburg entlassen. Jeder bekam mit Luftdruck eine Ladung DDT in den Rücken und in die Hose geblasen und wir standen in demselben Dampf wie die Amerikaner, die uns entließen.

Mein Vater kam einige Tage später. Er war aus Gründen, die ich nicht mehr erinnere, auf der östlichen Elbseite, als die Amerikaner abzogen und die Russen einmarschierten. Nein, sie sind nicht einmarschiert, sie kamen mit Panjewägelchen und kleinen struppigen Pferden. Es war eine unwirkliche Stimmung, die sich verbreitete. Es roch nach Angst und Willkür.

Ich entschloss mich, meine Forstlehre in Schierke fortzusetzen, das ich per Fahrrad erreichte. Franz Materne wies mir mein altes Zimmer an und bis auf die Waffen, die es nun nicht mehr gab, war alles wieder beim alten. Nur ich war inzwischen ein anderer geworden.

Wieder Forstlehrling in Schierke

Hafterlebnisse in der sowjetischen Besatzungszone

Eines Tages fuhr ein russisches Militärauto vor das Forsthaus und ich wurde verhaftet. Man transportierte mich in das Hotel Brocken-Scheideck, in dem die russische Kommandantur untergebracht war. Mir wurde mit Hilfe eines schwäbisch sprechenden russischen Dolmetschers vorgeworfen, auf der Straße nach Schierke, kurz vor dem Ort, ein riesiges Hakenkreuz auf die Straße gemalt zu haben. Ich habe erst Monate später herausbekommen, wie das möglich war. Das ist eine etwas längere Geschichte, zu der gehört, dass damals die Amerikaner auf dem Brocken eine Funkstation unterhielten, obwohl der Brocken in der russischen Zone lag. Die Besatzung der Funkstation bestand aus vier Amerikanern, einem Offizier und drei Funkern, die im Winter 1945/46 im Schnee und im Nebel langsam ihren Brockenkoller bekamen und froh waren, wenn meine Freunde und ich sie hin und wieder und besonders an den Wochenenden besuchten – was streng verboten war. Wir haben dort Heimat- und Weihnachtslieder gesungen und uns bewirten lassen. Eines Sonntags erschien Herr Leichter, der neue Bürgermeister von Schierke. Leichter war ein Kleinkrimineller, von dem niemand wußte, wie er zu dem Bürgermeisterposten gekommen war. Ich halte es für möglich, dass er sich dieses Amt angemaßt hat; die Verhältnisse waren damals entsprechend. Auch Leichter ließ sich von den Amerikanern bewirten. Der Offizier wurde darüber aufgeklärt, wer Leichter war und dass er den Besuch bei den Amerikanern und das Wäschewaschen für sie verboten

Abb. 19: Blick vom Wurmberg auf den Brocken, der mit 1142 m schon über der Waldgrenze liegt. Das Forstrevier Schierke liegt auf dieser Abbildung oben-rechts.

hatte. Der Offizier öffnete das Fenster, bat Leichter herzukommen und warf ihn aus dem Fenster. Das war nicht weiter gefährlich, der Schnee lag bis zu einem Meter hoch unter dem Fenster. Leichter fiel in den Schnee und machte sich davon. Er nahm Rache, indem er mir bei den Russen die Hakenkreuz-Schmiererei in die Schuhe schob, worauf ich verhaftet wurde.

In meiner Zelle – einem Kellerloch in der russischen Kommandatur – war es sehr kalt. Die Toilette lag außerhalb des Hauses, weil wohl die ganze sanitäre Installation des ehemaligen Hotels nicht mehr funktionierte. Jedes Mal begleiteten mich zwei Iwans mit Kalaschnikow, wenn ich auf Toilette gehen musste. Ich war dort etwa acht Tage eingesperrt, als ich herausgerufen wurde. Ich kam in einen Raum, in dem der russische Kommandant, ein Dolmetscher, weitere Russen und auch Kurt Nebe auf mich warteten. Franz Materne hatte ihn über meine Verhaftung informiert. Der Dolmetscher fragte mich längere Zeit über meine Vergangenheit aus. Natürlich versicherte ich, dass ich mit der Hakenkreuzzeichnung nichts zu tun hatte. Kurt Nebe durfte mich mitnehmen und bei der Fahrt – er war mit Auto und Chauffeur da – sagte er: «Siehst Du Thomas, nun sind wir quitt.» Ich habe ihn später nicht wieder getroffen, er muss wohl schon 1946 gestorben sein.

Am folgenden Tag kam der Dorfpolizist um mich im Auftrag von Herrn Leichter auf's neue zu verhaften. Ich wurde im Rathaus in eine Zelle gesperrt, in der ein Eimer mit den Fäkalien meines Vorgängers stand. Daß es entsetzlich stank, habe ich sofort bemerkt und mich geweigert, die Zelle zu betreten, bis eine Putzfrau sauber gemacht hatte. Der Ortspolizist, ich glaube, er hieß Weinreich, konnte mir keinen Grund für meine Verhaftung nennen. Wie sich bald herausstellte, handelte es sich um eine reine Schikane von Herrn Leichter. An die Wand der Zelle war ein Gedicht angemalt.

> Als ich ein kleiner Bube war,
> war ich ein kleiner Lump.
> Zigarren raucht ich heimlich schon
> und trank auch Bier auf Pump.
> Zur Hose hing das Hemd heraus,
> die Stiefel liefen krumm,
> und statt zur Schule hinzugehn
> strich ich im Wald herum.
> Wie hab ich's doch seit jener Zeit
> so herrlich weit gebracht.
> Die Zeit hat aus dem kleinen Lump
> 'nen großen Lump gemacht.
> Der Mond und auch die Sterne,
> sie leuchten in der Nacht.
> Mein Liebchen in der Ferne
> um mich sich Sorgen macht.
> Ich hab sie ja so gerne
> und kann zu ihr nicht hin,
> weil in diesem tiefen Keller
> ich eingeschlossen bin.

Meine Schierker Freunde kamen an den Nachmittagen an mein Kellerfenster und wir sangen hier gemeinsam, bis Leichter sie verjagen ließ. Nach einigen Tagen öffnete der Dorfpolizist meine Tür und meinte, ich könne nun gehen. Ich habe ihm versichert, dass ich so lange bleiben würde, bis ich wisse, weshalb ich eingesperrt sei. Darauf antwortete er lakonisch, er lasse die Tür offen und ich könne ja bleiben, wenn es mir hier so gut gefalle. Auf Nachfrage erzählte er, dass Leichter tot sei. Der selbsternannte Bürgermeister war volltrunken in Wernigerode mit dem Auto verunglückt; auch das Mädchen aus Schierke starb, das Leichter dabei hatte. Da bin ich dann doch zurück zum Forsthaus gegangen.

Waldfundsachen

Unterhalb des Renneckenberges am Glashüttenweg fielen mir etwa 6 Meter hohe Fichten am Rande einer Dickung auf, die rot wurden. Es war nicht schwierig festzustellen, dass sie abgesägt und wieder eingegraben waren. Nach nicht einmal zwanzig Metern stand ich vor einem Kraftfahrzeug mit Wehrmachtskennzeichen: einem Citrôen-½-Tonner. Dieser Fahrzeugtyp besaß eine steile Front, der Motor war zwischen den beiden Fahrersitzen angebracht. Die Ladung bestand aus vollen Benzinkanistern. Im Handschuhfach fand ich den Schlüssel, startete den Wagen nach einigen Versuchen erfolgreich, fuhr ihn auf den Hof des Forsthauses und stellte ihn in der Scheune unter. Franz Materne meinte, dass ihn das nichts anginge. Zusammen mit meinem Freund Manfred Schmidt übermalte ich die Nummernschilder: es sah ganz gut aus. Nun verfügten wir über einen LKW, obendrein noch mit einem gehörigen Benzinvorrat! Bei einer anderer Gelegenheit hatte ich bereits ein Motorrad im Wald gefunden, eine Viertakter-DKW-Einzylindermaschine mit 300 oder 350 ccm Hubraum. Diese Maschine habe ich in Magdeburg zulassen können und bin damit noch etwa zwei Jahre gefahren.

Manfred und ich haben samstags und sonntags Brennholz in

Selbstwerbung geschlagen, weil es uns von Materne werktags nach Feierabend verboten worden war. Selbstwerbung heißt nichts anderes, als dass wir das Holz selbst einschlagen durften und nach dem üblichen Tarif zu zahlen hatten. Mit unserem Brennholz sind wir dann durch Dörfer im Harzvorland gefahren um es bei den Bauern gegen Nahrungsmittel einzutauschen. Das ging verhältnismäßig lange gut, bis wir am Ortsausgang von Wernigerode unvermittelt in eine von den Russen errichtete Straßensperre gerieten. Ich sagte zu Manfred, der gerade am Steuer saß: «Gib Gas!», und wir fuhren den Schlagbaum zusammen, ohne liegen zu bleiben. Die Russen sprangen zur Seite, doch kurz darauf hörten wir, wie sie ihre Fahrzeuge starteten. Wir hatten keine Chance. Als wir die Serpentinen nach Dreiannenhohne hochfuhren, sahen wir sie kommen. Wir haben angehalten, die Bremse gelöst und den Wagen rückwärts rollen lassen. Er kam jedoch von der Straße ab, fuhr rückwärts auf den steilen Hang, überschlug sich und brannte. Manfred und ich rannten den Hang hinauf in ein angehendes Fichtenstangenholz, und suchten hinter den Klippen Deckung, als die Russen hinter uns herschossen. In den Wald hinein haben sie uns nicht verfolgt. So ging unser ganzer Reichtum zugrunde. Wenn ich heute diese Sache erinnere, so muss ich sagen, dass ich das damals mit gelassener Gleichgültigkeit genommen habe. Wie gewonnen, so zerronnen.

Anne

Wie schon gesagt, liegt etwas oberhalb der Revierförsterei das Hotel «Fürst zu Stolberg», das in dieser Zeit in «Heinrich-Heine-Hotel» umbenannt wurde. Im Untergeschoß gab es einen größeren Saal, der sogenannte Dachsbau. Sonntags spielte dort eine Kapelle zum Tanz auf. Dadurch war der Dachsbau der Mittelpunkt für die Dorfjugend und für die Jugendlichen aus Elend, wo keine Tanzveranstaltungen abgehalten wurden. Eines der schönsten Mädchen, die regelmäßig kamen, hieß Anne. Meist befand sie sich in

Begleitung mehrerer Jungen, mit denen sie tanzte wie auch flirtete. Eines sonntags habe ich sie mehrfach zum Tanzen aufgefordert, was nicht nur ihren Begleitern, sondern auch ihr nicht recht war, jedenfalls endete der Abend unfreundlich und ich war mit mir wegen meiner Erfolglosigkeit unzufrieden.

Einige Tage später bekam ich von Anne einen Brief, in dem sie mitteilte, dass sie mich gern treffen würde und einen Termin und Ort vorschlug. Der Ort erzeugte mein Misstrauen. Das Treffen sollte in der Nähe einer Straßenkreuzung stattfinden, an der die drei Straßen von Schierke, Elend und Dreiannenhohne zusammenkommen. An dieser Stelle war im Walde eine bestimmte Klippe zu sehen, die die Bäume überragte: dort wollte sie warten. Ich ging eine halbe Stunde früher hin, versteckte mich hinter einem Felsblock in einer kleinen Mulde und sah schon Anne mit drei Jungen erscheinen, die sich ebenfalls verbargen. Ich sollte also eine Tracht Prügel beziehen. Mit den dreien wurde ich wegen des Überraschungseffekts schnell fertig. Zwei hatte ich durch bestimmte Hiebe verhältnismäßig kampfuntauglich gemacht, der dritte rannte weg. Nur Anne stand versteinert da und war ziemlich blaß. Ich sagte: «Liebe Anne, jetzt küsst Du mich fünf Minuten ohne Pause.» Zuerst war sie stocksteif und hielt den Mund zu, aber dann wurde sie weicher und küsste auch.

Mit Anne war ich von da an etwa zwei Jahre eng befreundet. Anne war meine Jugendliebe. Sie stammte aus Magdeburg. Warum sie damals in Elend lebte, weiß ich nicht mehr. An den Wochenenden war ich auch Gast bei ihren Eltern. Diese Liebe endete in gewisser Weise tragisch, sie wollte – unausgesprochen – mehr als nur geküsst werden. Aber ich hatte vor mehr eine heilige Scheu. Und eines Tages hatte sie einen anderen Freund. Das war zu der Zeit, als ich schon auf dem Landesforstamt in Halle war und nur an Wochenenden zu Besuch nach Magdeburg kam. Der letzte Besuch, den ich bei ihren Eltern machte, war ein Samstag, an dem wir verabredet waren. Ich hatte in Halle länger zu arbeiten und fuhr mit dem letzten Zug nach Magdeburg und muss wohl gegen 22 Uhr bei ihren Eltern aufgetaucht sein. Sie war

Abb. 20: Der Vater Ludwig Göbel in seinem Atelier

nicht da, ich durfte bei ihren Eltern übernachten, aber sie ist auch am nächsten Morgen nicht nach Hause gekommen. Ich ging in bedrückter und trüber Stimmung nach Lemsdorf zu meinen Eltern – Anne habe ich nie wieder gesehen.

Erste Begegnungen mit dem schönen Geschlecht

Meine Freundschaft zu Anne war meine erste Begegnung mit dem schönen Geschlecht – abgesehen von dem Kuss der Unbekannten am Bahnhof von Wernigerode. Und so will ich in diesem Kapitel von meinen Erlebnissen mit Mädchen und Frauen erzählen, die mir in meinem ersten Leben begegnet sind.

Die Kreuzhorst bei Magdeburg

Während meiner Zeit am Bezirksforstamt Magdeburg ging ich manchmal sonntags mit dem Angelzeug in die Kreuzhorst, einem aus Eichen, Pappeln, Erlen und Weiden bestehenden Waldgebiet bei einem alten Elbarm, der durch einen Damm von der Elbe getrennt ist. Die Kreuzhorst ist ein Naturparadies, in dem damals noch Biber ihre Burgen und Dämme bauten. Zwischen der Kreuzhorst und dem Elbdamm liegt eine schmale Aue, die vor allem mit hohen Gräsern, aber auch Stauden besetzt ist. Hier ging ich immer an der Stelle angeln, an der eine Roterle mit ihrem im Wasser stehenden Fuß eine prächtige Sitzgelegenheit bot. Außer dem Angelzeug hatte ich regelmäßig Literatur dabei und zwar Platon und Wilhelm Busch, die ich abwechselnd las.

Mein Bruder Florian besuchte wie zuvor mein Bruder Ulrich die Berthold-Otto-Schule, ein Reformgymnasium, in dem Jungen wie Mädchen in einer Klasse unterrichtet wurden. Die Geschlechtertrennung war sonst an allen Magdeburger Schulen die Regel. In Florians Klasse gingen also auch Mädchen. Wie eine seiner Klassenkameradinnen, die auf mich ein Auge geworfen hatte, mit mir bekannt wurde, erinnere ich nicht mehr. Jedenfalls hat Florian mich darauf aufmerksam gemacht, weil sie ihn frug, wie sie mich treffen könne. Er hat ihr von meinen Ausflügen am Sonntagvormittag in die Kreuzhorst erzählt und gemeint, dort könne sie mich finden.

Eines Sonntags stand sie unvermutet an meinem Angelplatz. Sie hatte eine Decke mitgebracht, auf der sie sich neben mich setzte. Ich habe ihr aus Platon's Staat vorgelesen, was sie über sich ergehen ließ, in ein Gespräch darüber aber wollte sie nicht eintreten. Sie langweilte sich ganz offensichtlich. Ich hatte gerade eine Güster an der Angel, als sie aufstand und mit ihrer Decke auf die Auwiese ging. Nach einiger Zeit forderte sie mich auf, zu kommen. Ich folgte ihrem Zuruf. Sie lag, vom hohen Gras umgeben, nackt auf der Decke und sagte: «Komm.» Dann schloss sie die Augen und spreizte die Schenkel. Sie war die erste Frau, die ich überhaupt unbekleidet sah. Ihr Anblick überwältigte mich, ich fand sie bezaubernd schön. Ob sie das wirklich war, weiß ich nicht mehr. Da sie auf dem Rücken lag, habe ich den Anblick ihrer Brüste und der Schamhaare noch heute vor mir.

Dass die weibliche Brust sowohl die einfachste wie die schönste Form überhaupt ist, die die Natur hervorgebracht hat, habe ich hier erlebt. Und heute weiß ich, dass die Metamorphose dieser Form so reich ist, dass es keine zwei Frauen gibt, die die gleiche Busengestalt haben. Der Anblick der Schönheit der Brüste hat bei mir niemals Begierden erweckt, sondern immer nur Bewunderung, ja in gewisser Weise auch so etwas wie Ehrfurcht vor einem Wunder, das anzuschauen Gnade ist.

Ganz anders wirkte der Anblick des Schamhaardreiecks zwischen ihren Schenkeln. Sie war mittelblond, aber ihr Schamhaar war schwarz. Da blieb der Blick hängen. Sie öffnete die Augen und streckte mir die rechte Hand entgegen und ich kniete mich hin.

Mich hat mein Schicksal dreimal an dieser und zwei ähnlichen Situationen an einer körperlichen Vereinigung gehindert, nicht durch Bedenken oder einem inneren Widerstand, denn ich wollte mich darauf einlassen, sondern durch äußere Wahrnehmungen. In diesem Fall war es so, dass eine Zecke über ihre Brust kroch. Die Wahrnehmung des Ungeziefers an diesem Mädchen hat mich gehindert. Ich sagte ihr, sie müsse das Tier entfernen. Meine Bemerkung ernüchterte sie, sie stand auf, zog sich an und ließ mich dabei zuschauen. Als sie ihre Decke zusammenfaltete, weinte sie. Dann ging sie ohne noch einmal zurückzuschauen. Ich habe sie nie wieder gesehen. Ich bin lange nicht wieder in die Kreuzhorst gegangen, aber das Rätselwunder weiblicher Schönheit hat mich seitdem nicht wieder verlassen und gelöst habe ich es bis heute nicht.

Zwischen Verehrung und Anmache

Auch die folgende Begegnung hat sich in der Zeit ereignet, als ich im Bezirksforstamt in Magdeburg beschäftigt war. In Magdeburg-Sudenburg lag an der Halberstädter Straße, gleich an der Einmündung der Friedenstraße, das Kino Scala. Meine Mutter sah es nicht gern, dass wir ins Kino gingen, nahm allerdings keinen Einfluss darauf. Damals gab es einen Schauspieler, der Eddie Constantin hieß und einen Film mit ihm habe ich nie versäumt. Ob an diesem Tage, über den ich berichten will, ein Eddie-Constantin-Film lief, weiß ich nicht. Aber diese Filme regten mich immer an, nach dem Kino nach holder Weiblichkeit Ausschau zu halten. Denn Eddies Verhältnis Frauen gegenüber fand ich großartig, obwohl es mir nie eingefallen wäre, ein ähnliches Verhalten selber an den Tag zu legen. Alle seine Filme begannen so oder ähnlich: Nacht in Marseille, die Bar ist von außen schummerig beleuchtet, am Eingang stehen einige Blondinen herum. Eddie äugt einer in die Busenklüftung und sagt: «Ach, was haben Sie für nette Schuhe an!» Das war die Zeit, als Kino Klamauk war, der nicht ernst genommen werden sollte. So angeregt kam ich aus dem Kino, vor dem auch einige Mädchen standen. Ich fragte eine von ihnen: «Na, was bekomme ich dafür, wenn ich Dich nach Hause bringe?» Sie antwortete:

«Dann kannst Du mich mal ficken.» Ich habe mich sprachlos umgedreht und bin gegangen. Solche Direktheit hat mich immer in einen Zustand innerer Leere versetzt, in einen Zustand grauer, fühlbarer Dumpfheit. Heute weiß ich, dass ich halb- oder unbewusst ein Frauenbild auf dem Grunde der Seele getragen habe, welches Schönheit und Verehrungswürdigkeit verband und das die Richtung meiner Suche bestimmte; bereits in diesen jungen Jahren, auch wenn es mir erst viel später bewusst wurde. Dieses Ideal konnte und wurde enttäuscht, oder gar verletzt. Man kann natürlich fragen, wie dazu die Eddie-Constantin-Filme passen. Die hatten mit realen Erlebnissen nichts zu tun. Aber sie affizierten eine Seite meiner Seele, die es auch gab; möglicherweise gibt es sogar mehr als zwei Seelen in meiner Brust. Diese Seite hat mit dem Frauenbild, nach dem ich suchte, das ich verehren und schätzen wollte, nichts zu tun.

Ein drittes Erlebnis aus dieser Zeit verlief ähnlich. Ich weiß die Umstände nicht mehr, warum ich sie nach Hause begleitet habe. Sie wohnte in Magdeburg-Neustadt, das ist im Norden Magdeburgs, Lemsdorf liegt im Süden. Und da keine Straßenbahn mehr fuhr, dauerte der Rückweg mehr als eine Stunde. Darauf habe ich angespielt und gemeint, dass ich doch bei ihr solange bleiben könne, bis die erste Straßenbahn am Morgen wieder fährt. Da sagte sie: «Mich gibt es nicht umsonst.» Ich verstand nicht gleich und sagte: «Auch nicht aus Liebe?» Da sagte sie, und sie war sicher nicht älter als 18: «Du dummer Junge, sei froh, dass es mich nicht umsonst gibt, denn Du kannst mich nicht bezahlen. Aber ich danke Dir von ganzem Herzen, dass Du mich nach Hause begleitet hast. Ich habe oft Angst, wenn ich alleine in der Nacht nach Hause gehe.» Und schließlich sagte sie: «Gib mir Deine Anschrift für den Fall, dass ich Dich doch noch einmal sehen will.» Das habe ich gemacht. Meine Stimmung war aber so gedrückt, dass ich nicht versuchen wollte, sie zum Abschied zu küssen. Der Nachhauseweg war lang.

Einige Wochen später wurde ich zur Kriminalpolizei gerufen und dort wegen ihr verhört. Sie hatten meine Anschrift in ihrem Buch gefunden, in dem wohl alle ihre Freier verzeichnet waren. Von meiner Harmlosigkeit waren die Herren bald überzeugt und glaubten mir meine Erzählung. Sie war ermordet worden. Ob ihr Mörder je gefunden worden ist, weiß ich nicht. So etwas stand nie in der Zeitung, denn in einem sozialistischen Staat gibt es keine Kriminalität. Ich habe ihr damals nachgetrauert und sie lange nicht vergessen. Sie war eine schöne Frau.

Angelika aus Halle

Während meiner Zeit auf dem Landesforstamt in Halle wohnte ich in der Beyschlagstraße bei einer älteren Frau, deren Kinder verheiratet waren und auch in Halle lebten. Angelika hatte irgendetwas mit meiner Wirtin zu tun, war mit ihr aber nicht verwandt. Sie wird fünfzehn Jahre alt gewesen sein, als ich mich in sie verliebte. Sie war ein blondes, blauäugiges, schönes Mädchen mit großen Augen, die strahlten. Ihre Zuneigung hing wohl auch damit zusammen, dass sie wissbegierig war und mit offenem Mund zuhören konnte. Ich erinnere, ihr einmal erklärt zu haben, wie eine Mondfinsternis entsteht. Sie gab keine Ruhe und verlangte, dass ich ihr dazu eine Zeichnung mache, die sie dann mitnahm.

An einem Wochenende gingen wir zum Baden in einem Gewässer in die Nähe von Halle, und dabei sah ich erst, wie schön sie war. Sie besaß wohl keinen Badeanzug, denn sie badete in einer weißen Bluse und einem Unterhöschen. Die nasse Bluse ließ ihre Formen voll erkennen. Sie hatte herrliche Brüste und mich packte die Begierde. Ich nahm sie in dem Arm und streichelte ihre Schönheit und versuchte, sie zu küssen. Damit hatte sie nicht gerechnet. Sie war erschreckt und entsetzt, wehrte sich und weinte dann. Als sie sich wieder angekleidet hatte, gingen wir schweigend nach Hause. Sie war blaß, blickte nach unten und sah mich nie wieder an. Meine Zimmerwirtin sprach mich einige Tage später darauf an. Sie war eine erfahrene Frau, die ein gutes Urteil über solche Lebenssituationen hatte. Angelika sei verstört nach Hause gekommen, habe geweint und sich in ihr Zimmer eingeschlossen. Dass ich der Grund dafür war, hat meine Wirtin geahnt. Sie hat nur gesagt, dass ich in einem Alter sei, in dem man wissen müsse, dass man mit Mädchen so umzugehen habe, wie es ihrem Wesen entspräche. Sie hat sich dabei langsam in Zorn geredet und schließlich gesagt, dass sie mich hinaus werfen werde, wenn ich noch einmal versuchen würde, mich Angelika zu nähern.

Ausbildung in der sozialistischen Forstverwaltung

Im Herbst 1945 wurde ich auf das Bezirksforstamt in Magdeburg versetzt und hatte in einem Büro zu arbeiten. Ich habe mich zwar gefügt, aber die Lustlosigkeit bestimmte den Alltag. Der Revierförster im Geschäftszimmer, Herr Zeiss, suchte einen Lehrling als Bürohilfe und hatte sich erkundigt, wie lange der Lehrling von Franz Materne dort schon ausgehalten hatte. Das war weit mehr als ein Jahr und Zeiss meinte, dass derjenige etwas taugen müsse, der so lange bei Franz Materne gewesen war. Mir jedenfalls hing die Büroarbeit zum Hals heraus und wohl um mich wieder loszuwerden, versetzte mich Herr Zeiss auf das Landesforstamt in Halle. Ich wurde sozusagen hinaufbefördert.

Das Landesforstamt Halle war in der Ankerstraße im Hafenviertel untergebracht: Für die Kähne der durch Halle fließenden Saale gab es einen Hafen. Hier hatte ich eine Reihe von Vorgesetzten und war für den Reparations-Holzeinschlag für die Sowjetunion zumindest rechnerisch zuständig. Die Werteichen von Heteborn sind wohl mehr oder weniger alle diesen Weg gegangen. Es wurden nicht nur die Festholzmengen gemeldet, sondern auch die Nummernlisten der eingeschlagenen Eichen. Die einzelnen Stämme waren also nummeriert worden, wie die Waggons, auf denen sie verladen wurden. Monatlich hatte ich die Abrechnung nach Berlin-Karlshorst zu bringen, um sie in der sowjetischen Militäradministration abzuliefern. Das war insofern ganz bequem, als es einen Regierungszug gab, den ich zu benutzen hatte, der täglich einmal von Halle nach Berlin und zurück fuhr. Dieser beheizte Zug war mit gepolsterten Sitzen ausgestattet. Benutzt wurde er allein von Russen, Partei- und Regierungsleuten, ein normaler Mensch durfte mit diesem Zug nicht fahren.

Holzbezugsscheine

Das sozialistische Verteilungssystem etablierte sich auch in Bezug auf das Holz. So gab es Holzbezugsscheine für alle Sortierungen, unter anderem auch für Brennholz. Das Amt, das diese Bezugscheine ausstellte, gehörte zu einer anderen Regierungsstelle, so dass auch vom Landesforstamt Anträge auf Zuteilungen an diese Stelle gestellt werden mussten. Die Anträge hatte ich zu sammeln, um die Bezugscheine dort monatlich abzuholen. Ich habe mir probeweise erlaubt, einen Antrag, den ich selber geschrieben hatte, dazu zu legen und bekam prompt den Bezugschein. Und der war entweder bares Geld wert oder auch ein beliebtes Tauschmittel. Ich hatte bereits eine ganze Reihe von Zwischenhändlern, die mir Holzbezugscheine abkauften. Und so wuchs die Anzahl der von mir geschriebenen Anträge von Monat zu Monat. Eines Tages ist die Sache aufgeflogen und dabei kam heraus, dass ich nicht der einzige war, der Anträge auf diese Art stellte; vor allem mein Vorgesetzter produzierte solche Anträge. Er wollte mich anzeigen, aber ich habe ihn darauf aufmerksam gemacht, dass ich dann ebenso verfahren würde. Da wurde er sehr viel leiser und wir haben uns geeinigt, dass wir beide Anträge in einer Größenordnung zulegen, die nicht mehr auffiel. Auch Korruption kann sich beschränken. Ich habe jedenfalls Holzbezugscheine verkauft, solange ich in Halle war. Ich erinnere mich, in dieser Zeit einen bestimmten Gedanken gefasst zu haben, der mich eine Zeit lang regelrecht verfolgt hat. Natürlich gab es auch eine Parteiorganisation der Sozialistischen Einheitspartei Deutschlands (SED) im Landesforstamt. Dazu gehörte der Parteisekretär, der Schulungen abhielt. Und einer der Lehrsätze, von dem ich nicht mehr weiß, ob er von Marx, Lenin oder Stalin stammt, lautete: «Das gesellschaftliche Sein bestimmt das Bewusstsein.» Im Hinblick auf die Korruption, in der ich durchaus erfolgreich war, begriff ich, dass das Gegenteil die Wahrheit ist: «Das Bewusstsein bestimmt das gesellschaftliche Sein.» So fing ich an, die Parteiwahrheiten umzudrehen. Nicht: «Die Partei hat immer recht», sondern: «Wer immer recht hat, ist die Partei.» Von Lenin stammt der Satz: «Vertrauen ist gut, Kontrolle ist besser (oder Erschießen ist besser).» Wahr ist auch hier das Gegenteil: «Wer kein Vertrauen erwirbt, muss kontrollieren.» Daran ist mir bewusst und zur Überzeugung geworden, dass der Kommunismus die Menschenwürde, damals sagte ich, die Menschlichkeit, durch das ersetzen wollte, was die «Diktatur des Proletariats» genannt wurde. Das ist, soweit ich mich erinnere, mein erster Versuch, mir meine eigene Weltanschauung zu schaffen, allerdings noch aus dem Gegensatz zu der Weltanschauung, der zuzustimmen ich politisch aufgefordert wurde.

An der Forstschule Schloss Stolberg

Die Forstschule des Landes Sachsen-Anhalt wurde in Stolberg im Harz, im Schloss der Fürsten zu Stolberg, eingerichtet. Um mich in Halle los zu werden, wurde ich zum dritten Lehrgang der Forstschule zugelassen.

Das Schloss liegt etwa 100 Meter über dem Mittelpunkt des Ortes, dem Marktplatz von Stolberg. Man kann das Schloss über eine teilweise steile Treppe oder über einen Fahrweg erreichen. Das Schloss ist rings um einen großen Hof gebaut, in dem ein Wasserbecken vorhanden ist. Dieses Wasserbecken konnte mit Pferdewagen durchfahren werden, vor allem aber diente es wohl als Wasserreservoir und durfte alter sein als die Wasserleitung, die heute die Schlossanlage versorgt. Ich wohnte zusammen mit elf weiteren Forstschulern in einem Saal im ersten Stock, dem ein offener Kamin wohl einmal einen fürstlichen Eindruck gegeben hatte. Aber unsere zwölf Betten und sechs Schränke wirkten in diesem Raum nicht gerade stilgerecht. Insgesamt waren wir etwa dreißig Forstschüler im dritten Lehrgang. Dazu kam etwa die gleiche Anzahl des zweiten Lehrgangs, der nach einem halben Jahr seine Ausbildung beendete.

Der Stolberger Burgberg liegt zwischen zwei Tälern. Die nordöstliche Seite fällt unmittelbar neben dem Schloss sehr steil, schließlich sogar senkrecht ab. In diesem Tal liegt außerhalb von Stolberg und vom Schloss nur durch einen Fußweg erreichbar das Gasthaus zum kühlen Grunde, das von Tante Erna betrieben wurde. Tante Erna war ein halbkriminelles Genie. Man bekam bei ihr alles und sie besorgte alles, das heißt sie beherrschte den Schwarzmarkt der weiteren Umgebung. Natürlich bekam man auch Zigaretten, auch amerikanische. Dann hatte sie zwei Mädchen in Logis, die dort ihre Freier empfingen. Sie selber war eine kleine vertrocknete Frau mit ungekämmten Haaren und hatte eine Fistelstimme. Wir, die Forstschüler, konnten zwar alles bei ihr kaufen, wie gesagt, vor allem Zigaretten, aber der Verkauf an die Forstschüler war nur ein Nebenerwerb für Tante Erna und sie ließ uns das auch spüren. Wenn sie nicht wollte, waren wir für sie nicht zu sprechen. Zur Forstschule gehörte auch ein Kamp, das ist der forstliche Ausdruck für eine eingezäunte Feldfläche, auf der die Saaten und die Pflege der Keimpflanzen praktisch geübt wurden. Die Hälfte des Kamps allerdings war den Kartoffeln für die Küche der Forstschule reserviert, denn die schlechte Ernährungslage verlangte dies. Die Kartoffelernte belief sich auf ca. 150 kg. Die gesamte Schülerschaft hat darüber diskutiert, was aus den Kartoffeln werden soll. Schließlich setzte sich der Vorschlag durch, dass man damit ein Ferkel mästen wollte. Wie das Ferkel beschafft wurde, weiß ich nicht. Dass Tante Erna als Quelle auch für diese Inspiration in Frage kommt, halte ich durchaus für möglich. Eines Tages war das Ferkel verschwunden, kurz bevor die Kartoffeln verfüttert waren. Ich war daran nicht beteiligt und die Empörung darüber, auch meine, war groß.

Für die Beschaffung von Nahrungsmitteln wurde viel Zeit geopfert. Ich habe mich unter anderem auf Forellenfang mit der Hand spezialisiert. Schließlich gab es in den drei Bächen in der weiteren

*Abb. 21: Die Forstschule des Landes Sachsen-Anhalt,
im Schloss der Fürsten zu Stolberg*

Umgebung von Stolberg, die dafür geeignet waren, kaum noch Forellen.

Solange ich mich erinnern kann, war ich immer bewaffnet. Als Kind mit einem Eureka-Gewehr, das Pfeile mit einem Haftgummi verschoß. Mit zunehmendem Alter wurde auch die Bewaffnung besser, völlig unabhängig von den politischen Verhältnissen. In Stolberg hatte ich eine Kleinkaliber-Scheibenpistole. Sie hatte einen verhältnismäßig langen Lauf und auf bis zu 20 Metern Entfer-

Abb. 22: Meine Eltern in Magdeburg in der Wohnung des Dichters Oskar Schönberg, der als ehemaliger KZ-Insasse Kultursenator geworden war.

nung konnte ich damit gezielt schießen. Ich hatte in der Regel, wenn ich das Schloss Stolberg verließ, einen Rucksack auf, in dem die Pistole nicht auffiel. Eines Tages fischte ich in gewohnter Weise Forellen, indem ich am Ufer lag, um unter die Steine greifen zu können. Das Ufer war dicht mit großen Petasitesblättern besetzt, die zum Teil auch über das Wasser hingen. Da hörte ich, wie sich auf der gegenüberliegenden Seite des Baches etwas näherte. Dass es kein Mensch war, hörte ich, es musste ein Stück Wild sein, das sich langsam näherte. Vor mir tauchte ein Rotwild auf. Ich packte vorsichtig meine Pistole aus und als sich das Tier zum Wasser beugte, schoß ich. Aber wie sollte ich das Wildpret nach Stolberg transportieren? Der Ort war etwa sechs Kilometer entfernt, und außerdem hätte ich noch ein Tal durchqueren müssen. Ich brach das Wild auf, kleidete es mit Petasitesblättern aus und bedeckte es auch damit. Damit sich kein Fuchs daran verging, hängte ich meine Strickjacke daneben. Allein konnte ich das Tier nicht bergen, also vertraute ich mich meinem Freund, Horst Fischer, an. Ich telefonierte mit dem Landesforstamt und bekam schließlich, Gott sei Dank, den Fahrer an den Apparat, der sich als Abnehmer von Holzbezugsscheinen bewährt hatte. Er wurde als dritter eingeweiht: für eine Keule und eine halbe Rippenseite versprach er, am nächsten Tag mit dem Auto des Landesforstamtes zu kommen. Also ging ich rechtzeitig mit Horst zu meinem Tatort. Wir zerlegten das Tier waidgerecht, verstauten die Teile in dem eigens zu diesem Zweck mitgeführten Bettlaken und ließen lediglich das Skelett liegen. Nachdem wir eine Fichtenstange durch das Bettlaken gesteckt hatten, konnten wir die Last schultern. Manchmal ging Horst vorn und ich hinten und umgekehrt. Der Fahrer aus Halle war tatsächlich da und hat den ganzen Transport übernommen, zu sich nach Hause, zu den Eltern von Horst, die auch in Halle lebten, und zu meinen Eltern in Magdeburg. Wie der Fahrer es fertig gebracht hat, aus Halle mit dem PKW einen vollen Tag zu verschwinden, weiß ich nicht. Ich weiß nur, dass ich ihm Benzinmarken für 50 Liter besorgen musste, die er auch erhalten hat.

Vielleicht sollte ich noch erwähnen, dass wir täglich auch Unterricht in allen forstlichen Fächern hatten, den ich zumindest teilweise sehr geschätzt habe. Selbst einen ersten, wenn auch naiven wissenschaftlichen Versuch habe ich unternommen, der die Frage klären sollte, ob das spezifische Gewicht von Rotbuchenholz bei sonst gleichem Standort und vergleichbarem Alter auf der Sonnen- und auf der Schattenseite eines Hanges verschieden ist. Aber für eine brauchbare Bearbeitung dieser Frage hat das nicht ausgereicht, was ich vorbereitet habe. Ich erwähne es deshalb, weil ich wohl der einzige in der Forstschule war, der überhaupt Versuche gemacht hat. Meine Kollegen fanden das albern und überflüssig. Eine Forstschulausbildung hatte sich allein auf die Revierpraxis zu beziehen und nicht auf wissenschaftliche Fragestellungen.

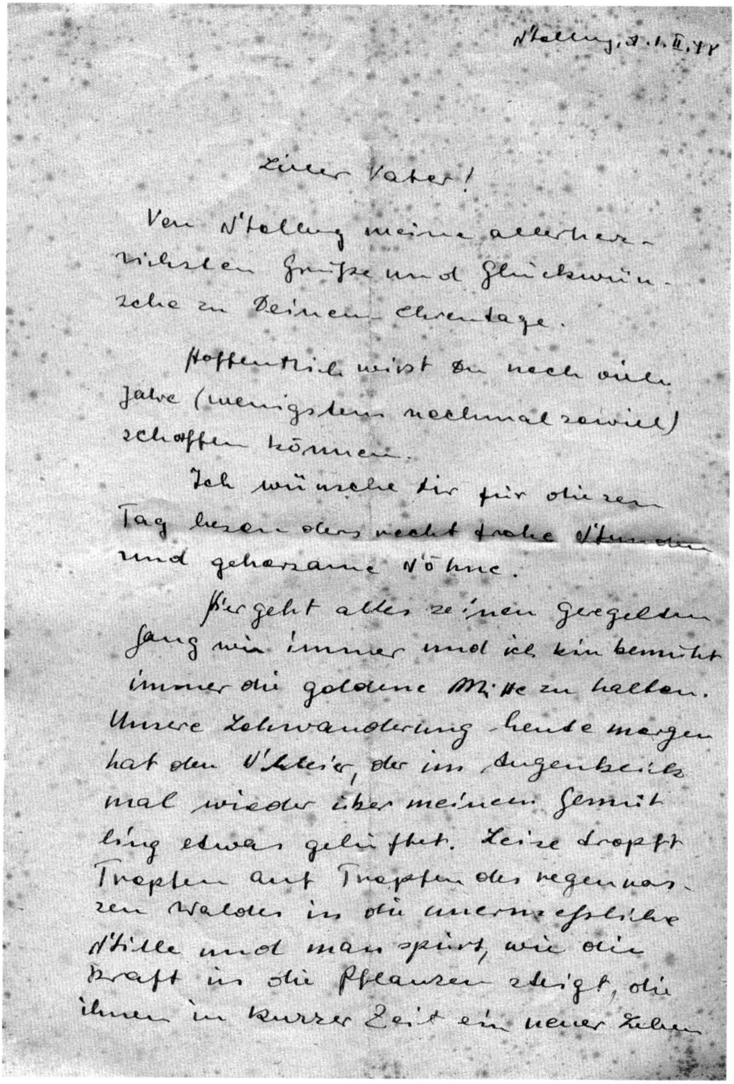

Stolberg, 8.1.II.48

Lieber Vater!

Von Stolberg meine allerherzlichsten Grüße und Glückwünsche zu Deinem Ehrentage.

Hoffentlich wirst Du noch viele Jahre (wenigstens nochmal soviel) schaffen können.

Ich wünsche Dir für diesen Tag besonders recht frohe Stunden und gehorsame Söhne.

Hier geht alles seinen geregelten Gang wie immer und ich bin bemüht immer die goldene Mitte zu halten. Unsere Lehrwanderung heute morgen hat den Schleier, der im Augenblick mal wieder über meinem Gemüt lag etwas gelüftet. Leise tropft Tropfen auf Tropfen des regennassen Waldes in die unermeßliche Stille und man spürt, wie die Kraft in die Pflanzen steigt, die ihnen in kurzer Zeit ein neues Leben

Abb. 23: In Stolberg verfasster Geburtstagsbrief an den Vater

geben wird. Es ist doch schwer, so
seine Gedanken + Empfindungen
in Worte zu (sprechbare) kleiden.
Und es sieht dann immer ganz
anders aus, wenn es so kalt und
nackend ohne einen schützenden
Mantel auf dem Papier steht.
Für heute also alles Gute und
nochmals einen recht froh verleb-
ten Geburtstag,

    herzlichst
    dein Sohn
     Thomas

Viel Freizeit in Kochstedt

Ziemlich unvermittelt wurde die Forstschule von Stolberg nach Kochstedt bei Dessau verlegt, wo sie in einem ehemaligen Kasernenkomplex der Wehrmacht untergebracht wurde. Außer dem dritten Lehrgang gab es auch einen neuen vierten Lehrgang, der in Kochstedt mit der Ausbildung begann. Mit Hans-Martin Hestermann aus Magdeburg, der den vierten Lehrgang besuchte, freundete ich mich an. Außerdem war ich schon in Stolberg mit Joachim Öhlmann befreundet, dessen Eltern in Wernigerode lebten. Mit Aki, wie er genannt wurde, spielte ich gerne Tennis, denn diese Möglichkeit bot der Kochstedter Kasernenkomplex. Der Schulleiter sagte einmal zu mir: «Wenn Sie hier fertig sind, muss ich Ihnen ein Zeugnis schreiben. Ich werde schreiben: Göbel besuchte die Forstschule von dann bis dann, vor allem aber war er ein guter Tennisspieler.»

In Dessau gab es ein Theater, dessen Schauspielensemble in der sowjetischen Besatzungszone einen guten Ruf hatte. Ich bin jede Woche einmal mit Hans-Martin Hestermann ins Theater gegangen – Aki hatte daran leider kein Interesse. Hans-Martins Vater war ein bekannter Chirurg in Magdeburg, der es sich leisten konnte, seinem Sohn eine 350er Horex Vierzylinder-Maschine mit Boxermotor zu schenken: Dieses Motorrad galt als etwas besonders Edles. Aber meine Einzylinder DKW Viertakter-Maschine fiel auch auf, weil sie so exotisch war. Jedenfalls fuhren wir an jedem Wochenende von Kochstedt nach Magdeburg, mal beide auf der Horex, mal beide auf der DKW, immer abwechselnd. In der Regel fuhren wir am Freitagabend nach Magdeburg, um erst am Sonntagabend nach Kochstedt zurück zu kehren. An einem Sonntagabend, am dem ich hinten sass, machte Hans-Martin mitten auf dem Breiten Weg unvermittelt einen solchen Schlenker, dass ich fast heruntergefallen wäre. Er wollte auf der gegenüberliegenden Straßenseite neben einer älteren, etwas rundlichen Dame anhalten, um sie und das Mädchen in ihrer Begleitung zu begrüßen. Das Mädchen bezauberte mich augenblicklich. Ich glaube, mir blieb der

Abb. 24: Die Forstschule in der ehemaligen Kaserne in Kochstedt

Mund offen stehen. Als wir weiterfuhren wollte ich wissen, wer sie sei. Er lachte mich aus und sagte, Helga sei die schönste Frau von Magdeburg, aber ich sei völlig chancenlos. Schließlich gab er mir doch ihre Anschrift – am nächsten Sonntagmorgen klingelte ich, ihre Mutter öffnete, ich überreichte meinen Blumenstrauß und bat darum, Helga kennenlernen zu dürfen. Sie war nicht daheim. Aber ihre Mutter gab mir für das kommende Wochenende einen Termin.

Helga

Helga hatte dunkelblaue Augen, vielmehr hat sie die heute noch, die von blonden Locken umrankt wurden. Sie ist Halbjüdin. Ihr Vater war 1934 nach Kuba emigriert, als es in Magdeburg die ersten Judenprogrome gab. Viele Magdeburger Juden waren national

Abb. 25: Helga bei meinen Eltern am Kaffeetisch. Sie hat sich in der künstlerischen Atmosphäre, die dort herrschte, wohlgefühlt.

gesinnte Deutsche. So hieß Helgas Vater mit Vornamen Siegfried. Er führte vor der Nazizeit in Magdeburgs bester Lage ein bekanntes Herrenausstattungsgeschäft. Helga war und blieb bis heute, wir sind immer noch befreundet, ein reiner Stadtmensch. Sie interessierte sich für Mode, besonders für Hüte, weshalb sie Putzmacherin lernte. Noch heute stattet sie die Hamburger Damenwelt mit Hüten aus. Ihr Ehemann lässt ihr dieses Hobby. Er hat heute in Hamburg eine weltweit operierende Firma, die inzwischen auch in Magdeburg, wo das Stammunternehmen zu Hause war, eine Filiale hat. Ihre drei Kinder schickte sie in Hamburg auf die Waldorfschule.

Alles was ich mit ihr unternahm, war Helga fremd. Wir, das heißt

Abb. 26: Helga Rabe

ich und meine Brüder, hatten einen Kanadier, der in einer Bootshalle an der Elbe stand. Helga hat sich überwunden, ist mit in den Kanadier gestiegen und hat sich von mir in einen alten Elbarm in die Kreuzhorst führen lassen, wo ich ihr die Tierwelt zeigte – wir haben zusammen sogar einmal einen Biber schwimmen sehen –, wo wir dem Vogelgesang lauschten und uns nasse Füße holten. Sie fand das alles so überraschend neu und völlig fremd. Allein hätte sie sich nie in die Kreuzhorst gewagt. Ich imponierte ihr einerseits und andererseits blieb ich ihr unheimlich. In meinem Elternhaus fühlte sie sich sehr wohl und kam gerne zu den sonntäglichen Hauskonzerten. Auch mein Vater fand sie so bezaubernd, dass er sie einmal porträtierte.

Eines Tages erhielt sie die Nachricht, dass ihr Vater aus Kuba zurückkomme. Siegfried J. war ein harter Mann geworden. Er wollte sein Magdeburger Geschäft wieder eröffnen, das aber durch den Luftkrieg ebenso zerstört war wie die ganze Magdeburger Innenstadt. Zur Feier seiner Rückkehr lud er seine Verwandtschaft zu einem Aufenthalt im Hotel «Heinrich Heine» in Schierke ein. Zu diesem Fest nahm mich Helga mit, verlangte aber, dass ich einen Anzug zu tragen hätte. Da ich keinen besaß, besorgte sie Stoff und Schneider und ließ mir einen Anzug «bauen», wie man damals sagte. Ich habe diesen Anzug nur zu dieser Feier im Hotel sowie zu Abendessen getragen, zu denen ich eingeladen war. Wohlgefühlt habe ich mich darin nie. Außerdem wusste ich auch nicht, wie man sich an einer festlich gedeckten Tafel benimmt. Helga gab mir Nachhilfestunden und das auf die freundlichste Art und ohne jede Überheblichkeit. Ich war verliebt bis über beide Ohren. Helga hegte nicht mehr als freundschaftliche Gefühle für mich, die sich wohl an meiner Naturburschenhaftigkeit entwickelten. In diesen Tagen blieb ich in Schierke, wohnte bei Maternes und machte täglich Ausflüge mit ihr. Ich zeigte ihr, wie man Forellen mit der Hand fängt, wo die Pirschwege durchs Revier laufen, führte sie auf den Brocken, der ja die Waldgrenze überragt, zeigte ihr den botanischen Garten auf dem Brocken und wir beobachteten das Rotwild, das sie zuvor noch nie gesehen hatte.

Helga lernte bald danach ihren späteren Ehemann kennen, den sie mir mit ihrer ganzen Liebenswürdigkeit vorstellte. Ich habe mich mit dieser Rolle, die sie mir so zuwies, abgefunden oder abfinden müssen.

In Kochstedt ging die Forstschulzeit zu Ende. Etwa vier Wochen vor dem Abschluss wurde von der SED-Parteiorganisation mitgeteilt, dass es zum sozialistischen Bewusstsein gehöre, bei entsprechender Leistung beruflich aufsteigen zu können. So habe die Partei beschlossen, die drei Besten des Lehrganges anschließend studieren zu lassen. Ich habe Aki gefragt, ob er auch studieren wolle. Er war von dieser Idee erst nicht überzeugt, weil das bedeutete, in den letzten Wochen ziemlich hart arbeiten zu müssen, denn bei unserem Leistungsstand gehörten wir nicht zu den besten Drei! Wir haben uns dann doch entschlossen, den Versuch zu wagen und vier Wochen lang gebüffelt. Die Prüfungen des III. Lehrganges fanden vom 25. – 29. April 1949 statt. Unser Primus, Paulchen Schulze, wurde Bester, ich Zweitbester und Aki der Dritte. Nun waren wir aber politisch die Falschen. Beide waren wir weder Mitglied der Partei, noch in der kommunistischen Jugendorganisation Freie Deutsche Jugend, noch in der Forstgewerkschaft. Und so wurde uns nur mündlich mitgeteilt, dass wir uns an der Humboldt-Universität immatrikulieren lassen können, während Paulchen Schulze eine schriftliche Zulassung erhielt. Im Lexikon habe ich nachgeschlagen, was immatrikulieren heißt.

Studium der Forstwirtschaft in Berlin und Eberswalde

Wir fuhren mit einem Güterzug nach Berlin, wo mein Onkel Firschke in Schöneberg ein Radiogeschäft betrieb. Hier konnten wir anfänglich wohnen.

Immatrikuliert!

Im Prorektorat für Studentenangelegenheiten lachte man uns aus, als wir uns immatrikulieren lassen wollten und riet uns, erst einmal das Abitur zu machen und danach wiederzukommen. Das war eine der herbsten Enttäuschungen meines Lebens. Ich fühlte mich in meiner Menschenwürde verletzt, gedemütigt und verraten. Tante Firschke, die uns ihre Zigarettenstummel zu rauchen anbot, meinte, wir hätten das vollkommen falsch angefangen. Sie sagte, ich solle mich erkundigen, wer an der forstwirtschaftlichen Fakultät das Sagen hat, zu dessen Frau gehen und ihr meine Geschichte erzählen. Das war ein lebenskluger Rat. Also ging ich mit einem Blumenstrauß zu Frau Liese und erzählte ihr meine Geschichte. Professor Liese, vor noch nicht langer Zeit aus Russland zurückgekommen, war Dekan der forstwissenschaftlichen Fakultät. Frau Liese fand es schlimm, wie die Kommunisten mit jungen Leuten umgingen und riet mir, am kommenden Sonntag um 15:30 Uhr zum Kaffee zu kommen. Ich erschien pünktlich, aber schon an der Tür sagte sie, dass ihr Mann die Immatrikulation dem zuständigen

Büro überlassen würde – zum Kaffee könne ich bleiben. Außer Lieses saß ihre Tochter Ilse mit am Tisch, auf die ich aber keinen Blick gewagt habe. Professor Lieses Schweigen wirkte so peinlich auf mich, dass ich schon fast aufgestanden wäre, um mich zu verabschieden. Da schob er seine Brille mit dem Daumen auf die Stirne, sah mich länger an und fragte: «Was halten Sie von Botticelli?» Nun hatte mein Vater ein oder zwei Wochen vorher im Zweig der Anthroposophischen Gesellschaft in Magdeburg einen Vortrag über Botticelli gehalten, zu dem ich mitgegangen war, weil Helga auch daran teilnahm. Also referierte ich den Vortrag meines Vaters über die Symbolik bei Botticelli, besonders an den Bildern «Primavera» und «Die Geburt der Venus». Liese war völlig platt, offensichtlich war ihm einiges über Botticelli aufgegangen. «Ich verstehe nicht, wie Sie als Mensch ohne Bildung so über Botticelli reden können», sagte er. Ich habe ihn über meine Quelle nicht aufgeklärt, sondern mich ohne Gewissensbisse mit fremden Federn geschmückt. Liese versicherte, dass er dafür sorgen wolle, dass ich immatrikuliert werde und nannte mir einen Termin, an dem ich mich bei seiner Sekretärin melden solle.

Am entsprechenden Tag war er deutlich nüchterner. Er blieb zwar bei seinem Versprechen, erwartete allerdings als Gegenleistung, dass ich meine Allgemeinbildung nachhole. Mir wurde ein Zettel überreicht mit den Scheinen, die ich dafür zu machen hätte. Wenn ich recht erinnere, waren das um die zwanzig. Ich wusste damals noch nicht, was das heißt. Nachdem ich mich bedankt hatte, bat ich darum, auch meinen Freund Aki zum Studium zuzulassen. Da platzte Herrn Liese der Kragen. Ich solle froh und dankbar sein, dass er sich meiner angenommen habe und nicht noch versuchen, meinen Freund unterzubringen, meinte er. Ich ging zur Tür, drehte mich kurz davor noch einmal um und erzählte, wie ich mit Aki die Forstschule besucht und mit ihm zusammen so gebüffelt hätte, dass wir tatsächlich unter die ersten Drei gekommen wären. Dann erklärte ich nur mit Aki zusammen weiter machen zu wollen und deshalb auf meine Immatrikulation zu verzichten. Als ich die Tür aufmachte, mit einem bitteren Geschmack auf der Zunge, sagte

Professor Liese: «Na dann holen Sie mal Ihren Aki rein.» Er hat uns beide immatrikulieren lassen. Die ersten vier Semester (Wintersemester 1949/50 bis Sommersemester 1951) hatten wir in Berlin zu hören und vom fünften Semester ab studierten wir in Eberswalde, der ältesten Forstakademie, die im letzten Jahr meines Studiums ihr hundertjähriges Jubiläum feierte.

In die Studentenliste, die «der alte Pfeil», der Gründer der Akademie, eingeführt hatte und die seitdem fortgeschrieben wurde, erhielt ich eine Studienzahl kurz unter eintausend. Die Akademie hatte in hundert Jahren weniger als eintausend Studenten ausgebildet. Entsprechend waren auch die Gepflogenheiten. Jeder kannte jeden. Aber erst einmal begann das Studium in Berlin. Nicht alle Vorlesungen fanden in den Gebäuden der Humboldt-Universität Unter den Linden statt. Vor allem die Botanikvorlesungen mit allen praktischen Übungen wurden im Botanischen Institut in Berlin-Dahlem abgehalten, also in Westberlin. Trotz der Teilung Berlins in die drei Sektoren der Alliierten Besatzungsmächte einerseits und der sowjetischen Besatzungsmacht andererseits glichen die Strukturen der Universität noch denen der Vorkriegszeit. Dies blieb so bis zur Gründung der Freien Universität (FU), die durch Studentenkrawalle ausgelöst wurde, unterstützt durch die Amerikaner. Ich erinnere noch eine Situation am Bahnhof Zoo, wo einige Studenten die Einführung eines Lehrstuhles für «Kunilogie», für freie Liebe, forderten. Kuni war der Küchenchef der Uni. Sie riefen in Sprechchören: «Was Bulrich-Salz für die Verdauung, ist Kuni für die Weltanschauung.» Oder: «Was Okasa ist für die Triebe, ist Kuni für die freie Liebe.» Das Ganze hatte deutlich einen Nonsense-Charakter. Als die Polizei diese Zusammenrottung auflösen wollte, schlug die Stimmung um. Ich erinnere ein Foto aus der Zeitschrift «Stern», das zeigt, wie Studenten eine Litfasssäule den Zugang zum U-Bahnhof Wittenbergplatz hinunter rollen. Dieser Spuk hörte mit der Gründung der FU auf. Allerdings wurde dort keine forstwirtschaftliche Fakultät gegründet, ich musste weiter an der Humboldt-Universität studieren.

Inzwischen machte das Erwerben von Scheinen Spaß. Wir haben

Abb. 27: Als Student der Forstwirtschaft in Berlin

regelrechte Verfahren entwickelt, wie man auch ohne Teilnahme an den Vorlesungen nur über das Lesen der Skripte seine Scheine machen konnte. Eine ausgesprochene Vorliebe hatte ich für gerichtsmedizinische Vorlesungen entwickelt, die an der Charité abgehalten wurden und wozu der Besuch des Seziersaales gehörte. Wir waren dort als «die lüsternen Förster» bekannt. Einmal habe ich versucht, bei einer mündlichen Prüfung für das 12. medizinische Semester einen Schein zu erhalten. Der Herr auf dem Katheder schlug mein Studienbuch auf, bekam einen roten Kopf und schmiß damit nach mir, nach dem Pedell rufend. Na ja! Jedenfalls habe ich nach vier Semestern Herrn Professor Liese meine Scheine vorgelegt.

Die Püttberge: Das Märchen von den Urstromtälern

Inzwischen wohnte ich in Berlin-Wilhelmshagen, der letzten S-Bahnstation vor Erkner, einer landschaftlich sehr interessanten Gegend. Bei Wilhelmshagen liegen die Püttberge, ein Dünenzug beträchtlicher Höhe. In einer Geologie-Vorlesung hatte ich gelernt, dass nach der Eiszeit die abschmelzenden Eismassen die sogenannten Urstromtäler gebildet hätten, was ja ein feuchtes Klima voraussetzt. Und so war mir die Existenz dieses Dünenzuges, den ich inzwischen gut kannte, ein Rätsel. Dünen bilden sich allein in einem Wüstenklima. So bin ich mehrfach auf die Püttberge gegangen, um sie mir anzusehen. Nach mehreren Besuchen fiel mir auf, dass die Püttberge eine merkwürdige Gestalt haben. Normalerweise schreibt der Kamm einer Düne eine Parabel. Der Hang ist auf der Luvseite flacher, auf der Leeseite übersteil und fällt mit etwa 30°. Die Mitte jeder Düne hatte eine nach Südwest gerichtete parabelartige Form, die beiden Enden aber eine nach Nordost gerichtete. Also hat es in vorgeschichtlicher Zeit eine Umkehr der Hauptwindrichtung gegeben! Ursprünglich sind die Püttberge von einem Wind gebildet worden, der von Nordost nach Südwest blies, zu einer Zeit als Wüstenklima herrschte. Später drehte sich der Wind: er formte nicht nur die Püttberge neu, sondern verursachte eine Klimaveränderung. Das nun feuchte Klima bedeckte die Püttberge mit einer Vegetation aus Kiefern, die die Dünen stabilisierten.

Das Klima der Nacheiszeit ist durch die Pollenanalyse aus den Mooren Norddeutschlands gut belegt. Aber belegt werden kann nur der Zeitabschnitt, in dem Pollen abgelagert wurden. Ich entwickelte die Theorie, dass die Wüstenzeit vor der Entwicklung der Vegetation gelegen haben müsse. Sie führte zum Verdunsten des Eises. So gibt es auf den Püttbergen und in ihrer Umgebung auch keine Belege für eine Sortierung der Korngrößen durch Wasser. Man findet im ganzen norddeutschen Diluvium keine Geländeformen, die ihre Entstehung fließendem Wasser zu verdanken hätten. Die Lehre von den Urstromtälern ist ein wissenschaftliches Märchen. Ich habe, als mir das Ganze an den Püttbergen klar wurde, die Richtung der Urstromtäler anhand von Karten untersucht. Und siehe da, das Magdeburger Urstromtal hat eine Fließrichtung von Nordwest nach Südost. Die Ohre fließt darin in dieser Richtung. Also müssen die Urstromtäler eine andere Entstehungsgeschichte haben – sie können nicht durch fließendes Wasser entstanden sein. Wer die Karte Norddeutschlands auch nur oberflächlich studiert, erkennt die beiden Streichrichtungen der europäischen Gebirgsbildung: variskisch und herzynisch sich überkreuzend, einmal von Südwest nach Nordost und zum anderen von Nordwest nach Südost. Das Fichtelgebirge ist der Kreuzungspunkt beider Richtungen. Von hier aus streichen der Thüringer Wald nach Nordwest und das Erzgebirge nach Nordost. Darin äußert sich die geologische Grundstruktur Mitteleuropas nördlich der Alpen. Wer sich die Mühe macht, diese Grundstruktur aus variskischer und herzynischer Richtung in ganz Norddeutschland an allen geographischen Gegebenheiten zu verfolgen, wird finden, dass sie auch die Lage der Urstromtäler bestimmen. An dieser Struktur des geologischen Untergrundes haben sich die diluvialen Überdeckungen aus dem mitgeführten Material der Gletscher gebildet. Die Urstromtäler sind der geologische Untergrund, der sich im darüber liegenden diluvischen Material abbildet. Und das erklärt auch, dass die Ohre im Magdeburger Urstromtal in herzynischer Richtung nach Südosten fließt. Bei Wolmirstedt, kurz vor Magdeburg, fließt sie wieder eine kurze Strecke in variskischer Richtung nach Nordost, pararallel zur Elbe, in die sie mündet.

Die Lehre vom Wasserstrom, der die Urstromtäler geschaffen habe, ist nicht aus beobachteten Fakten hervorgegangen, sondern aus der ideologischen Ausrichtung der Wissenschaft im 19. Jahrhundert; sie wird noch heute tradiert. Ich habe versucht, meine an den Püttbergen gewonnene Ansicht, das Eis der Eiszeit sei verdunstet und nicht abgeschmolzen, in der Geologievorlesung darzustellen. Mir wurde es verwehrt auszureden! Weil ich nicht durch die Prüfung fallen wollte, referierte ich schließlich die Ansicht der Lehrer. Meine Ehrfurcht vor der Wissenschaft, die ich zu Beginn des Studiums fühlte, ist an den Püttbergen verloren gegangen, seitdem bin ich allen wissenschaftlichen Überzeugungen gegenüber kritisch. Gleichwohl waren die Erfahrungen an den Püttbergen ein notwendiges Ereignis in meiner Biographie, denn hier liegt der Ursprung für meine goetheanistischen Arbeiten. Heute bedauere ich, dass ich das Thema der Geologie und Geographie des norddeutschen Diluviums nicht weiter verfolgt habe.

Eisfischen im Müggelsee

Zwischen Wilhelmshagen und Friedrichshagen liegt der Müggelsee, an dem sich das Fischerei-Institut der Universität befand. Hier hörten wir die obligatorische Fischerei-Vorlesung, zu der auch begleitende Übungen zu absolvieren waren. Die Praktika leitete eine von Herder begeisterte Assistentin. Wir lernten also nicht nur die Faulschlammfauna kennen, sondern auch sein Werk «El Cid»: «Trauernd tief saß Don Diego, wohl war keiner je so traurig». Die Assistentin konnte Herder über eine bewundernswürdige Länge auswendig zitieren. Ich habe den Cid tatsächlich ganz gelesen – der Stolz der Spanier, wie er hier von Herder geschildert wird, blieb mir fremd, faszinierte mich aber auch.

Die Fischer des Müggelsees veranstalteten im Januar ihr sogenanntes Eisfischen. Damals fror der Müggelsee noch in jedem Jahr zu. Die Gilde der Fischer, die inzwischen schon Genossenschaft hieß, aber ihr Brauchtum weiter pflegen konnte, kannte den Standort der überwinternden Fische sehr genau: eine Mulde im Seeboden, in der sich die Müggelseefische sammelten und ruhten. Das haben wir in der Vorlesung gehört. Zum Eisfischen sangen die Fischer ihre Lieder. In zwei aufeinander zulaufenden Linien auf dem Eis, es mögen 200 Meter gewesen sein, wurden in bestimmten Abständen Löcher gehackt und etwa 20 Meter vor dem Ufer ein großes Loch. Ein riesiges Schleppnetz wurde in ein Loch versenkt, von dem das Eisfischen ausging, und an diesem Netz waren mit Seilen lange Stangen befestigt. Unter dem Eis wurden die Stangen mit Hilfe der Löcher in Richtung auf das Ufer gezogen. Das Netz war oben mit Korkbojen versehen, die das Netz offen hielten, und am Grunde hatte das Netz Bleigewichte, die auf dem Grund mitgezogen wurden. Es dauerte mehrere Stunden, bis das Netz über den Fischstandort hinweg gezogen war, es ging sehr langsam. Vor dem Ufer wurde die Netzöffnung im großen Loch zusammengezogen und das Netz langsam herausgeholt, bis die ersten Fische erschienen. Ich erinnere mich an einen Hecht, der fast zwei Meter maß. Im Ganzen waren es mehrere Zentner Fische, die erstaunlich bewegungslos blieben, hat man doch sonst immer das Bild der im Netz zappelnden Fische vor Augen! Der Fang wurde in große Wannen ohne Wasser gefüllt, aus denen sich die inzwischen eingetroffenen Zuschauer ihren Einkauf aussuchten. Das Eisfischen im Müggelsee ist eine Reise wert, falls es das heute noch gibt.

Einkommensquellen

Der Westberliner Senat tauschte für Studenten der Humboldt-Universität, die in Westberlin wohnten, 100 Mark Ost im Verhältnis 1:1 gegen Deutsche Mark. Der tatsächliche Wechselkurs belief sich damals auf 10 Mark Ost zu einer Deutschen Mark! Hatte ich, weil ich in Westberlin bei Tante Firschke gemeldet war, meine 100 DM erhalten, tauschte ich in einer Wechselstube zehn davon in 100 Mark Ost um. So konnte ich gut leben, ohne einige Zeit auf Nebenverdienste angewiesen zu sein. Der einzige Versuch, in Westberlin zu Geld zu kommen, missglückte mir gründlich. Das war aber vorherzusehen. Ich hatte in der Zeitung «Tagesspiegel» eine Kleinanzeige folgenden Inhalts aufgegeben: «100-prozentig wirksamer Fliegentöter gegen Voreinsendung von DM 2,–.» Es gab sogar zwei Interessenten. Einer hat sich nicht wieder gemeldet, der andere wollte mich anzeigen, womit er allerdings keinen Erfolg hatte. Ich schickte ihm zwei je einen Millimeter starke Brettchen mit fünf Zentimeter Kantenlänge und die Gebrauchsanweisung: Man lege die Fliege zwischen die Brettchen und drücke kräftig zu.

Ein Letztes noch zu meiner Studienzeit in Berlin. Auf einem

Geburtstagsfest waren neben vielen Kommilitonen auch die zwei ersten Studentinnen der Forstwirtschaft eingeladen, die sich an der Humboldt-Universität eingeschrieben hatten. Es war spät geworden und alle übernachteten in der Wohnung der Gastgeberin. Seit dieser Nacht lebte ich mit meiner Kommilitonin Gudrun W. zusammen, unser Verhältnis hielt fast zwei Jahre. Es gelang mir, in einer Wohnung zwei Zimmer für uns zu mieten.

Nach der Trennung von Gudrun

Die Trennung von Gudrun während meines vorletzten Semesters in Eberswalde hat mir den Boden unter den Füßen genommen. Der Fall war so tief, weil es für mich bis dahin selbstverständlich war, dass ich sie heiraten würde. Der Bruch trat ein, als ich einen unappetitlichen Beweis in der Hand hatte, dass sie auch mit einem anderen schlief. Das hat mich in meinen Grundtiefen erschüttert. Von da an habe ich ein Leben geführt, für das ich mich heute noch schämen muß.

In diesem vorletzten Semester besuchte ich kaum noch Vorlesungen, und wenn ich arbeitete, dann an den Versuchen zur Bestimmung der Transpiration pilzbefallener Pappelblätter. Diese Monate waren geprägt durch eine völlige Lebensunlust, ja auch Suizidgedanken beherrschten mich. Der traurige Höhepunkt war meine Wette mit Kommilitonen, dass ich eine Flasche Wodka ohne Abzusetzen leeren könne. Danach lag ich eine Woche im Krankenhaus mit schwerer Alkoholvergiftung und Magenschleimhauterbrechen. Nach Ansicht der Ärzte war es nicht vorhersehbar, ob sich die Magenschleimhäute wieder ganz erholen würden. Aber ich habe das Ganze ohne bleibenden Körperschaden überstanden. Im Untergrund meiner Seele hielt sich eine Stimmung, dass eine andere Zukunft noch vor mir liege. Das hat mich durch diese Zeit getragen, wenn auch so gut wie unbewusst.

Dieser Vorfall bot natürlich reichlich Gesprächsstoff in dem kleinen Eberswalde. Nach meiner Entlassung aus dem Krankenhaus

Abb. 28: Als Student in Eberswalde, etwa 1951

wurde ich von der Anglistin Frau Dr. Charlotte Wagenknecht, der Frau des Waldbauprofessors, zum Kaffee eingeladen. Ich ging mit sehr gemischten Gefühlen zu ihrer Wohnung. Wie erwartet hat sie mir eine Moralpredigt gehalten, allerdings auf eine Art, die ich akzeptieren konnte. Sie wußte über meine Eltern und mein Verhältnis zu ihnen Bescheid, sprach über den Sinn eines Studiums und über die Verantwortung, die man als Gebildeter auch für die Gesellschaft trägt. Sie nahm meine Beziehung zu Gudrun zum Anlass, um die Grundlagen darzulegen, die gegeben sein müssen, wenn zwei Menschen ihr Leben gemeinsam gestalten wollen. Die Liebe, so meinte sie, sei dabei nur ein Faktor. Und dann käme es sehr darauf an, was man unter Liebe verstünde, denn alles Körperliche könne nur Folge, nie Grundlage einer Beziehung sein, sonst sei die Menschenwürde gefährdet. Das Gemeinsame sei eine Kulturleistung, die voraussetze, dass man die Wirkung auf seinen Partner nicht nur kennt, sondern dass man sie liebevoll gestalten lernen muss. Eine solche Ehe werde geschätzt – auch wenn nicht alles glücklich verläuft – und im gesellschaftlichen Umkreis so akzeptiert, dass man Freunde gewinnt.

Es folgte ein Ausblick auf die Zeitlage. In der Geschichte habe es Zeiten gegeben, in der sich Kulturen zu einem gewissen Höhepunkt entwickelt hätten, die den Einzelnen getragen haben, wie zum Beispiel im alten Griechenland. In Zeiten des Niederganges oder gar in Zeiten ohne ideale Gesinnungen komme es darauf an, dass der Einzelne zum Träger der Kultur wird. Und in einer solchen Zeit lebten wir heute. Es sei entscheidend, dass sich jeder Einzelne seine Kulturaufgabe selber setzen lerne. Bei gleicher Gesinnung könne man sich gegenseitig helfen und um diese Hilfe bemühe sie sich für mich. So wurde ich in jeder Woche ein- oder zweimal zum Kaffee eingeladen und befragt, wie ich die Zwischenzeiten verbracht hätte. Ohne Frau Dr. Wagenknecht wäre es mir nicht gelungen, so bald aus meiner Niedergeschlagenheit nach Gudruns Trennung heraus zu finden. Meinen Kommilitonen gegenüber habe ich über die Gespräche mit Frau Wagenknecht niemals Andeutungen gemacht. Warum sie sich gerade mir helfend zugewendet hat, weiß ich nicht. Ich war bestimmt nicht der einzige Fall, der Beistand nötig gehabt hätte.

Nun wird man ja durch solche Begegnungen kein besserer Mensch, wie mein weiterer Bericht noch zeigen wird. Aber Frau Wagenknechts Wirkung war doch so, dass die Stimme meines Gewissens nicht ganz verschüttet wurde. Und diese Stimme wirkte bremsend in vieler Hinsicht.

Studentenleben, Studentenstreiche

Das Studentenleben in Eberswalde war etwas völlig anderes als in Berlin. Im Ganzen studierten immer zwei Semester gleichzeitig in Eberswalde, so dass die Studentenanzahl klein blieb. In meinem Semester studierten etwa dreißig Personen, im höheren Semester waren es sogar weniger. Deshalb kannte jeder Professor jeden Studenten mit Namen. Die meisten Professoren unterhielten einmal in der Woche einen Kaffeetisch, meist am Wochenende, zu dem man unangemeldet erscheinen konnte. Ich ging, wie bereits geschildert, nach der Trennung von Gudrun oft zum Waldbauprofessor Egon Wagenknecht, vor allem wegen seiner Frau, die als promovierte Anglistin für interessante Gespräche sorgte über Kunst, Kultur im Allgemeinen und Geschichte.

Unter der Studentenschaft in Eberswalde war es schon immer Brauch, am Morgen des Hubertustages den bronzenen Löwen im kleinen Stadtpark grün anzumalen. Weil dies sowohl der Polizei als auch der Stadtverwaltung wohlbekannt war, bedurfte es immer eines besonderen Einfalls, um den Spaß fertig zu bekommen. Mein Semester hatte sich zu folgendem Verfahren entschlossen: In der Nacht zum Hubertustag wurden sämtliche transportablen Verkehrszeichen abgebaut und daraus eine Einbahnstraße aufgebaut, die den Verkehr der Hauptstraße vor der Polizeistation blind enden ließ. Wir begannen etwa 4:00 Uhr morgens, damit die Nachtschicht des Kranbauwerkes als erste vor die Polizeistation umgeleitet wurde, wo ein wildes Hupen einsetzte. Bis die Polizei das Ganze entwirrt hatte, war der Löwe grün. Am folgenden Tag hing die Stadtverwaltung einen Aufruf öffentlich aus, in dem aufgefordert wurde, die Übeltäter zu melden. Die Überschrift lautete: «Nächtliche Unholde …».

Durch Eberswalde fließt ein größerer Bach, der etwa 20 Meter breit und 40 – 50 Zentimeter tief ist – tief genug, um ein Fass Bier kühl zu halten! Denn zu unseren akademischen Übungen gehörte auch ein Besuch der örtlichen Brauerei mit einer Einführung in die Brautechnik. Bei dieser Gelegenheit erfuhren wir, dass das Bier auch fassweise verkauft wurde. Weil wir keinen Grund zum Feiern fanden, wurde sofort ein Nichtfestfeiertag beschlossen und das Fass auf einem Handwagen mitgenommen. Wegen der Hitze der Sommernacht entstand das Problem der Kühlung – so wurde die Idee geboren, die Zecherei im Bach stattfinden zu lassen. Gegen ein Uhr morgens reichte es den Anwohnern. Die von ihnen herbeigerufene Volkspolizei forderte uns auf, augenblicklich Schluss zu machen. Wir lehnten mit dem Hinweis ab, dass das Randalieren auf Wasserläufen nicht verboten sei. Aber die Veranstaltung endete dann doch bald. Ein andermal wurde ein Fass Bier gekauft, weil wir für eine Exkursion an den Stechlinsee den Biernotstand befürchteten. In dem Jugendheim in Steinförde sollte kein Bier ausgeschenkt werden! Unsere Kehlen waren allerdings schon während der Reise so trocken, dass wir das Fass unterwegs anstachen. Es war leer, bevor wir überhaupt in Steinförde ankamen, aber dort gab es, Gott sei Dank, Bier.

Ein größerer Teil der Kommilitonen besaß Fahrräder, mit denen sie hin und wieder Rennen veranstalteten. Also bemühte auch ich mich um ein Fahrrad, was damals schwierig war. Der Zufall half. Ich erfuhr von einem Fahrradrahmen, der in einem Eisenwarengeschäft angeboten wurde. Nachdem mir der Ladenbesitzer versichert hatte, dass es ihm möglich sei, für den Rahmen eine Einbrennlackierung bestellen zu können, erwarb ich den Rahmen. Für meine Verhältnisse ging es um viel Geld – aber was macht man nicht alles, wenn man kein Geld hat! Der Ladenbesitzer schrieb mir auf, was ich in Berlin-West als Ausstattung für den Rahmen einzukaufen hätte, unter anderem auch eine Gangschaltung, die damals nur im Westen erhältlich war. Nun stand das Problem der Geldbeschaffung an. Im Forstamt Eberswalde verschaffte mir Herr Wagenknecht Arbeit, für die ich fast ein ganzes Semester lang auf meine Vorlesungen verzichtete, aber dafür besaß ich ein vorzeigbares Fahrrad. Bei den Rennen gehörte ich allerdings immer zu den Letzten, so dass ich bald die Lust an solchen Wettbewerben verlor. Das Fahrrad benutzte ich jedoch regelmäßig.

Während eines Tischtennisturnieres, an dem ich als Mitglied der Hochschulmannschaft teilnahm, lieferte ich mein Fahrrad am bewachten Parkplatz ab. Als ich nach Hause wollte, war das Fahrrad weg. Der Wärter wusste von nichts. Die Polizei interessierte sich nur für die Frage, woher ich das Material für das Fahrrad hatte. Da wurde mir klar, dass der Fahrraddiebstahl von der Polizei im Auftrage der SED-Hochschulgruppe organisiert worden war. Die Marke vom Parkwächter, die ich für mein Fahrrad erhalten hatte, habe ich noch lange in der Tasche gehabt und auf Fragen, wo denn mein Fahrrad geblieben sei, habe ich sie vorgezeigt. Mein Motorrad stand während meines Studiums in Magdeburg, das war wohl eine weise Entscheidung.

Es überrascht den Leser wohl kaum, wenn ich mitteile, dass mein Semester eine Stammkneipe in Eberswalde hatte. Der Wirt hieß Hugo, und alle Studenten hatten bei ihm Kredit bis zur Höhe des monatlichen Stipendiums. Es galt als ehrenrührig, am Monatsende bei Hugo die Zeche nicht sofort zu bezahlen. In Hugos Hinterzimmer wurde nicht nur getrunken, gesungen und geredet, sondern auch Unsinn organisiert. Wir machten uns oft über die Marotten der Professoren lustig und reagierten auch auf solche Marotten. Da war Professor Alexis Scamoni, der Pflanzensoziologie und Waldtypen lehrte. Er war ein begeisterter Schüler des Begründers der finnischen Waldtypenlehre, Kajander. Eines frühen Morgens riefen wir bei Professor Scamoni an. Als seine Frau an den Apparat ging, stellte sich einer von uns als Kajander vor und verlangte den Kollegen Scamoni zu sprechen. Kajander war schon lange verstorben. «Männe, Kajander ist am Telefon», hörte man seine Frau rufen. Nun hatte Scamoni eine bestimmte Art, wie er sich am Telefon meldete. Also hörten wir: «Hier spricht Scamoni.» Darauf wir:

«Hier spricht Kajander.» Kurzes Schweigen und dann Scamoni: «Meine Herren, bedenken Sie, dass es um diese Uhrzeit verständlich ist, wenn ein aus dem Schlaf gerissener Mensch auf Ihre Liebenswürdigkeit hereinfällt. Lassen Sie sich mal etwas einfallen, auf das ich in wachem Zustand hereinfalle. Feiern Sie weiter.»

Wenn wir uns in Hugos Hinterzimmer trafen, waren wir zwar unter uns Studenten, aber eben auch in Gesellschaft der Staatssicherheit. Drei Kommilitonen standen mit ihr in Verbindung, der Sekretär der SED-Hochschulgruppe, der Leiter der Freien Deutschen Jugend (FDJ) und ein Gewerkschaftssekretär. Alle drei nahmen an unseren Treffen bei Hugo teil, und so war die Staatssicherheit immer bestens über uns informiert. Das ist keine Vermutung von mir, sondern eine Erfahrung, die ich belegen kann und deshalb mitteilen möchte.

Während meines letzten Semesters klingelte es eines Abends bei meiner Wirtin. Ein Herr erschien, von dem ich beim ersten Blick wusste, dass er zur Staatssicherheit gehörte. Er sorgte dafür, dass meine Wirtin zuhören musste. Durch eine Reihe von Bemerkungen machte er mir deutlich, wieviel er über mich wusste. So fragte er beispielsweise, warum ich an einem bestimmten Tag nach Berlin gefahren sei. Ich konnte mich tatsächlich nicht mehr erinnern, doch er forderte mich auf, lieber die Wahrheit zu sagen als den Unwissenden zu spielen. Er kündigte an, in Zukunft mit mir zusammenzuarbeiten, wofür wir uns als erstes an einem bestimmten Ort zu einer bestimmten Zeit treffen müssten. Ich habe allen meinen Mut zusammengenommen und abgelehnt. Als er ging, meinte er, ich solle mir das gut überlegen. Danach hatte ich ein inneres Grauen, blieb jedoch entschlossen, mich nicht darauf einzulassen. Aber dieses innere Unsicherheitsgefühl über meine Zukunft blieb. Für meine Wirtin war es unerträglich. Sie hat mich gebeten, auszuziehen, und sie hat den Vorfall herumgetratscht. Seitdem wurde ich von vielen gemieden. Nur meine drei SED-Kommilitonen kümmerten sich nun auffallend intensiv um mich. Meine Lebenssituation war jedoch vergiftet, obwohl ich schnell eine andere Wohnung, wieder mit zwei Zimmern, gefunden hatte.

Die Hubertusfeier

In Eberswalde gab es einen Festsaal, der für alle Veranstaltungen gemietet wurde. Hier wurde jeweils vom letzten Studienjahr die Hubertusfeier ausgerichtet. Es wurde beschlossen, dass ich Vorschläge machen und schließlich auch die Organisation übernehmen solle. Es haben sich alle Kommilitonen meines Semesters an der Vorbereitung beteiligt. Um den Saal schmücken zu können, haben wir ihn drei volle Tage gemietet. Um die Summe aufbringen zu können, wurden Einladungen mit Angabe des Eintrittsgeldes mit großem Erfolg DDR-weit verschickt.

Der Saal wurde an beiden Längsseiten mit einem Baldachin aus Douglasienzweigen versehen, in der Mitte des Saales hing ein Schmuck aus grün-weißen Papierstreifen von der Decke. Es sah festlich aus. Die Bar im kleinen Nebensaal wurde vollständig umgebaut. Durch die Decke wurde in der Mitte ein Loch gebohrt und darüber ein Elektromotor montiert, der eine Achse drehte. An dieser Achse war eine Kugel aus spiegelnden Flächen befestigt, die von drei Strahlern beleuchtet wurde. Die Spiegelreflexe versetzten viele in eine merkwürdige abgehobene Stimmung, die nicht geplant gewesen war, aber im Nachhinein gerühmt wurde. Einige Programmpunkte sollen noch genannt werden. Von der Firma Bacigalupo in Westberlin hatten wir einen Originalleierkasten gegen eine Kaution von 300 Deutschen Mark gemietet – nach der Leierkastenmelodie «Mariechen saß weinend im Garten» wurden mit großen Bildern und Zeigestock Moritaten gesungen. Einige Strophen erinnere ich noch:

> Es liegt in Märkischen Wäldern
> ein Städtchen tief versteckt,
> das hat vor hundert Jahren
> der alte Pfeil entdeckt.
> Er gründete dann dorten
> 'ne Forstakademie,
> von der sollt ihr jetzt hören,
> besingen wolln wir sie.

> Da gibt es auch viele Studenten,
> ihr kennt sie alle wohl,
> die einen frönen der Liebe,
> die andern dem Alkohol.
> Doch solls auch welche geben,
> die alles beide tun,
> die erst bei einer Flasche,
> dann bei nem Mädchen ruhn.

Und so weiter. Es waren etwa zwanzig Strophen.

Ein weiterer Programmpunkt war ein Kasperletheater. Von allen Professoren hatte ich Porträtfotos besorgt und meinen Vater gebeten, danach Kasperleköpfe zu schnitzen. Jeder Professor bekam nach der Vorstellung sein Kasperleporträt überreicht. Das war ebenfalls ein großer Erfolg, allerdings mit einer Ausnahme. Für Professor Kruel hatte ich einen Text geschrieben – andere Texte stammten von anderen Kommilitonen –, der sich auf die Damen seines Institutes bezog. Sie waren alle relativ jung, elegant und attraktiv: Herr Kruel war so beleidigt, dass er das Fest verließ. Das war allerdings schon kurz nach Mitternacht, weshalb es nicht weiter auffiel. Am nächsten Tag im Institut hat er sich entsprechend vor seinen Damen ausgelassen und prophezeit, mich durch die Forstschutzprüfung fallen zu lassen. Einige Monate später war es dann so weit.

Die Forstschutzprüfung

Ich war sicher, dass er mich durchfallen lassen würde und habe mich nicht vorbereitet. Das wäre sinnlose Arbeit gewesen. Am Abend vor der Forstschutzprüfung besuchte ich einen Kommilitonen, der in einem merkwürdigen psychischen Zustand war, über den er mich dann aufklärte. Er befand sich im Pervitinrausch. Pervitin war ein Psychopharmaka, das während des Krieges an Nahkämpfer ausgegeben worden war, um Gefühle wie Furcht auszu-

Abb. 29: Dieses Portrait entstand kurz vor der Beendigung meines Studiums 1954/55. Alle Kommilitonen ließen sich einen Bart stehen. Das wurde durchaus als Protest empfunden.

schalten. Mein Kommilitone behauptete nun, dass er sich prinzipiell auf mündliche Prüfungen so vorbereite, weil er in diesem Zustand auf eine Buchseite nur zwei Sekunden blicken müsse, um sie in der Prüfung quasi ablesen zu können. Ich habe ihm das nicht geglaubt, aber er lieferte eine Probe. Professor Kruel hatte in einer Vorlesung einen Aufsatz zum Nachlesen angegeben, in dem es um ein neu entwickeltes Mittel gegen die kleine Fichtengallaus (Chermes abietis) ging: Kruel selber hat den Inhalt nicht vorgetragen. Und diesen Aufsatz sah der Kommilitone an – es waren fast zwanzig Seiten –, dann gab er ihn mir. Ich nahm die Zeitschrift zur Hand und las mit, während er den Text auswendig wiedergab. Ich war platt! Mein Kommilitone warnte mich allerdings vor den Nebenwirkungen; er selbst sah kleine graue Männchen, die ihm Angst machten, weil sie zweidimensional waren.

Am nächsten Tag fand also meine mündliche Forstschutzprüfung statt. Sie dauerte eine halbe Stunde. Beisitzer war Herr Professor Johannes Liese, der als Dekan wohl die Möglichkeit dazu hatte und bestimmt wusste, dass mich Kruel durchfallen lassen wollte. Kruel begann so «Herr Göbel, ich habe Ihnen in der Vorlesung empfohlen, sich mit einem Aufsatz über die Bekämpfung der Fichtengallaus zu befassen, ich nehme an, dass Sie sich darauf vorbereitet haben.» Mir war klar, dass Kruel weitere Fragen stellen würde, auf die ich nicht vorbereitet war, wenn ich zu schnell flüssig antworten würde. Also spielte ich den Unwissenden. Professor Liese wollte mich beruhigen und sagte: «Herr Göbel, jetzt denken Sie in Ruhe nach, dann fällt es Ihnen sicher ein.» Ich fing also an: «Chermes abietis, äh, Chermes abietis kann man bekämpfen.» Kruel sagte, ja, das wisse man schon, die Frage ist nur wie. Kruel war sich nun sicher, dass ich nicht vorbereitet war. Und so stotterte ich einiges aus dem Aufsatz, bis er merkte, dass ich genau Bescheid wusste! Nun fing ich an, mein im Pervitinrausch erworbenes Wissen vorzutragen, worauf er mich unterbrechen wollte, aber Liese wies ihn an, mich ausreden zu lassen. Und ich referierte und referierte bis die halbe Stunde vergangen war. Liese rettete mich mehrfach, weil er immer wieder dafür sorgte, dass Kruel mich nicht unterbrechen konnte. Als Kruel zur nächsten Frage übergehen wollte, verhinderte Liese das, indem er auf die inzwischen abgelaufene Zeit hinwies: «Er hat doch nun wirklich alles gewusst, Herr Kollege. Die Zeit ist seit fünf Minuten um, was wollen Sie denn noch mehr.» Kruel hat mir einen Einser geben müssen. Der anschließende Besuch bei Hugo war teuer, weil ich für alle zahlen musste. Wir haben sogar die Damen des Forstschutzinstitutes eingeladen, aber es hat keine gewagt, zu kommen.

Promotion bei Professor Liese

Unsere Prüfungen gingen weiter, auch der so genannte Zaubergarten stand auf dem Programm. Hier wurden 120 Objekte ausgelegt, die bestimmt werden sollten. Da ich den Ehrgeiz hatte, alle Pflanzenarten des norddeutschen Diluviums einschließlich der Gräser und Laubmoose zu kennen und damit wohl auch geprahlt habe, richtete Professor Liese den Zaubergarten persönlich ein. Wer von 120 Objekten 110 richtig bestimmen konnte, bekam eine Eins. Liese legte aber nicht 120, sondern 125 Objekte aus. Fünf davon waren offensichtlich für mich bestimmt, denn er hat sie nach der Prüfung nicht mitbewertet. Diese fünf hatten es in sich: So lag da zum Beispiel das Laubblatt einer Moorbirke, das nach der Fällung vom Stockausschlag gebildet war. Es war ein Riesenblatt von mehr als 20 Zentimeter Länge mit dichter Behaarung und sehr langen Blatthaaren. Ich konnte 114 Objekte richtig bestimmen, einschließlich dieses Birkenblattes. Bei unserem nächsten Treffen im Institut hat mir Professor Liese dazu gratuliert, was mein Selbstbewusstsein dermaßen starkte, dass ich sein bereits seit dem vorletzten Semester bestehendes Angebot annahm, bei ihm zu promovieren.

In den erschöpften Braunkohlegruben von Bitterfeld wurden eine Reihe von Pappelklonen für die Wiederaufforstung eingesetzt. Diese Pappeln wurden von einem Pilz befallen, der auf der Blattoberseite Sporen bildete. Diese Blätter sahen rotfleckig aus, und ich sollte die Frage beantworten, welchen Einfluß der Pilzbefall auf den

Abb. 30: Die Eltern Hedwig und Ludwig Göbel mit ihren vier Söhnen, von links: Thomas, Christoph, Ulrich, Florian

Wasserverbrauch der Pappeln hatte. Um Versuche durchführen zu können, erhielt ich in Lieses Institut einen Arbeitsplatz. Ich entwickelte ein Verfahren, mit dem er einverstanden war. Die Blätter wurden unter vergleichbaren Bedingungen mit dem Ende des Blattstiels in eine Fluoreszenzlösung getaucht, weil das Fluoreszin das Aufsteigen des Wassers im Xylem sichtbar machte. Das an sich einfache Verfahren erbrachte gut messbare Ergebnisse, die noch nach der Größe der Spreite differenziert werden konnten. Es war bald ersichtlich, dass der Grad des Befalls erheblichen Einfluß auf die Verdunstung hatte. Diese korrelierte mit dem Befallsgrad. Etwa vier Wochen vor dem Ende des Studiums, ich erhielt das Diplom am 20. Juli 1953, habe ich die praktischen Arbeiten im Institut abgeschlossen. Professor Liese hatte einen Dienstwagen mit Fahrer. Vier Wochen vor Ende meines Studiums kam er bei einem Unfall mit seinem Dienstwagen ums Leben. Er und sein Fahrer starben beide noch an der Unfallstelle am 11. Juli 1952. Das war für mich ebenso eine Katastrophe wie für Familie Liese.

Zweiter Anlauf: Promotion bei Professor Wagenknecht

Sehr bald wurde Herr Lühr als Nachfolger berufen, der aus Halle kam und seine Mitarbeiter mitbrachte. Für mich hatte er keine Verwendung, sicher auch aus politischen Gründen. Er wollte weder meine Arbeit sehen, noch mich weiter beschäftigen. So stand ich auf der Straße, denn es war viel zu spät, um sich auf eine andere Assistenzstelle zu bewerben. Sowohl Professor Scamoni als auch Professor Wagenknecht hatten sich längst für andere Kommilitonen entschieden. Meine Gespräche mit Herrn und Frau Wagenknecht führten dazu, dass er mir eine externe Doktorarbeit anbot, obwohl das bis dahin nicht vorgekommen war. Ich war ihm sehr dankbar dafür. Wir fanden auch ein Thema, das extern zu bewältigen war. Ich sollte eine Gebietsmonographie der Lärche in der Letzlinger Heide verfassen. Die Lärchen in der Letzlinger Heide waren für ihre Wuchseigenschaften und ihre Masseleistung bekannt, und es wurden auch hin und wieder Exkursionen der Hochschule in das Forstamt Haldensleben veranstaltet, die Herr Wagenknecht führte.

Haldensleben: die berufliche Sackgasse

Waldbauleiter im Forstwirtschaftsbetrieb Haldensleben

Ich ließ mich an den Forstwirtschaftsbetrieb Haldensleben versetzen, der in dem kleinen Flecken Bischofswald lag, und begann meine Tätigkeit am 1. September 1953. Bischofswald bestand aus drei Häusern, einem großen Hof und einer Scheune. Ich wohnte im Dachgeschoß des zur Straße hin gelegenen Gebäudes, während ein weiteres kleines Wohnhaus auf der gegenüberliegenden Straßenseite dem Revierförster vorbehalten war. Der Forstwirtschaftsbetrieb war in einem querliegenden größeren Gebäude untergebracht. Die Bahnlinie nach Marienborn führte in etwa 200 Metern Entfernung daran vorbei, und Bischofswald war als Haltestelle mit einem Dienstgebäude der Bahnverwaltung und einer Gastwirtschaft ausgestattet. Das war der ganze Ort.

Nun hieß das nicht mehr «Forstamt» wie früher und heute wieder, sondern Forstwirtschaftsbetrieb Haldensleben. Er umfasste zweiundzwanzig ehemalige Revierförstereien. Der Betrieb erstreckte sich vom Harzrand über Oschersleben, Haldensleben bis zum Drömling bei Salzwedel, und damit war die Zonengrenze über eine Strecke von etwas mehr als 100 Kilometer auch die Grenze dieses Betriebes. Ich wurde als «Waldbauleiter» eingesetzt, ein Posten, der wohl für mich erfunden worden ist und für den es keine formelle Aufgabe, geschweige denn eine Stellenbeschreibung gab. Mein Chef war der Leiter dieses Betriebes, aber die Macht lag bei einem jungen Mann, dem Parteisekretär des Betriebes, der seinen Einfluss konspirativ geltend machte. Wir waren uns vom ersten Moment an unsympathisch.

Ich hatte allen Grund, meinen Fortgang aus Eberswalde als Katastrophe zu empfinden, und im Nachdenken über meinen Abschied aus Eberswalde ist mir eine Situation in Erinnerung geblieben, die ich damals nicht verstand und die merkwürdige Gefühle in der Seele auslöste. Es handelte sich um folgende Begebenheit.

In Eberswalde wurde Professor Dr. Kurt Göhre als neuer Dekan eingeführt, ohne dass über den Tod von Professor Liese öffentlich etwas mitgeteilt wurde. Göhre war kein Forstmann und über seinen Werdegang gab es nur Spekulationen. Als begabter Intellektueller arbeitete er sich in einem erstaunlichen Tempo in die Holzphysik ein. Sein Hobby war die Robinie, und einige Jahre später erschien sein Buch «Die Robinie und ihr Holz», das in der Literatur auch außerhalb der DDR, z.B. in Skandinavien, mehrfach erwähnt und zitiert wurde. Trotzdem blieb Herr Göhre für mich eine undurchschaubare Instanz in Eberswalde. Als wir nach dem Diplom verabschiedet wurden, blickte er mich länger und eindrücklich an; dadurch entstand eine Pause. Dann sagte er: «Ihnen gratuliere ich zum bestandenen Diplom ganz besonders.» Nach einer weiteren Pause schüttelte er mir die Hand und ging zum Nächsten, um ihn zu verabschieden. Ich bin bis heute das Gefühl nicht losgeworden, dass er bei mir seinen Parteiauftrag nicht erreicht hatte, dass er aber das Format besaß, dies zu respektieren. Es konnte wohl nur ein Mann von der Statur Göhres verhindern, dass ich in Eberswalde nicht gescheitert bin. Die unguten Gefühle allerdings, die mich in solchen Situationen überkamen, haben verhindert, dass ich mich unterworfen habe, wie es wohl erwartet wurde.

Im beschaulichen Bischofswald gab es einen Mann seiner Statur nicht. Hier ging es nur um Kleinbürgerlichkeit, Neid und Intrigen. Oder anders ausgedrückt, es ging um Unterwerfung oder Scheitern. Und bis zum Scheitern hat es dann auch nicht mehr sehr lange gedauert.

Als Waldbauleiter in Bischofswald sollte ich für den Waldbau Arbeitsrichtlinien entwickeln, die sich auf die anstehenden Aufgaben bezogen. Ein waldbauliches Problem ergab sich aus überalterten Buchenjungwüchsen und ihrer Bearbeitung. Ich veranstaltete deshalb für die zweiundzwanzig Revierförster, die in der Regel doppelt so alt waren wie ich, Revierbegehungen und führte praktisch vor, wie man solche Buchenjungwüchse zu behandeln habe. Trotz meiner Jugend und trotz der Art meines Auftretens habe ich von einigen der Revierförster Zustimmung bekommen. Ich durfte darüber sogar vor der Akademie der Landwirtschaftswissenschaften im Schloss Pillnitz bei Dresden berichten. Meine Darstellung erwies sich als Erfolg und es wurde applaudiert, was nicht die Regel war.

In dieser Zeit studierte mein Bruder Florian an der Technischen Hochschule in Dresden, und am Abend nach meiner Rede traf ich mich mit ihm zum Feiern. Er behauptete, kein Nachtlokal zu kennen. Also habe ich mir eine Anschrift beschafft. Florian wurde dort mit «Hallo» und «Hallo Flo» begrüßt. So ganz unbekannt kann ihm das Nachtlokal nicht gewesen sein.

Sozialistische Jagden

In Sachsen-Anhalt gab es bei der Volkspolizei ein Jagdkommando. Ein Polizist verwaltete vierzehn Flinten, die an den Jagdtagen an die Mitarbeiter des Betriebes ausgegeben wurden. Ich habe an drei solchen Jagden teilgenommen. Einmal wurden in der Börde bei Oschersleben Hasen gejagt. In dieser Zeit war der Hasenbesatz sehr hoch. Heute gibt es dort keinen einzigen Hasen mehr. Die Strecke waren knapp tausend Hasen. Ich habe etwas über hundert erlegt und hatte noch tagelang eine blaue Schulter. Bei der zweiten Jagd wurde auf Sauen gejagt, in der Nähe des Drömlings, einem von Friedrich II. trockengelegten Moor. Die Bauern klagten dort über den Wildschaden, den die Sauen anrichteten. Ich habe an diesem Tag nur eine einzige Bache erlegen können, das war nicht sehr berühmt. Die dritte Jagd ging auf Damwild in einem größeren Waldgebiet bei Oschersleben. Davon hatte man mich nicht unterrichtet, und ich war wütend, als ich mitbekam, warum kaum jemand in der Verwaltung anwesend war. Also habe ich mich aufs

Motorrad gesetzt und die Jagdgesellschaft gesucht. Da ich zu dem Jagdkommandoführer ein gutes Verhältnis hatte, bekam ich bei den beiden letzten Treiben eine Flinte. Die Jagdgesellschaft hatte sich in zwei Gruppen geteilt, die in verschiedenen Revierteilen Drückjagd ausübten. In der Gruppe mit den politischen Koryphäen wurde kein Wild erlegt. In meiner Gruppe fielen dagegen drei Damtiere, und ich selbst war auch einer der glücklichen Schützen. Das hat wieder starke Emotionen bei den politischen Mitarbeitern ausgelöst, deren Gerede mir hin und wieder doch zu Ohren kam.

Das Verhör

Eines Tages wurde ich auf die Kreisverwaltung in Haldensleben bestellt. Als ich durch die Tür hereinkam, war augenblicklich das altbekannte graue Gefühl da. Man bat mich auf den Hof, setzte mich in ein Kraftfahrzeug und brachte mich zur Staatssicherheit, die in einem großen parkartigen Grundstück mit einer Villa residierte. Hinter dem Tor liefen Hunde an Führungsleinen, heil wäre man da nicht wieder herausgekommen. Das Verhör begann mit Fragen, wo ich zu bestimmten Terminen gewesen sei. An einen Termin aus meiner Studienzeit in Eberswalde erinnerte ich mich. Sie wollten wissen, was ich in diesen Tagen in Westberlin gemacht habe, konnten mir aber nichts Konkretes nachweisen. Dann wurde ich aufgefordert, meine Erfahrungen mit Kollegen mitzuteilen. Mir blieb nichts übrig, als Dinge mitzuteilen, die völlig unverfänglich und bekannt waren. Schließlich sollte ich unterschreiben, dass ich zu einem bestimmten Termin den Herrn, der mich verhörte, treffen und dabei Berichte über Kollegen abliefern würde. Trotz reichlicher Angst habe ich das alles abgelehnt. Da fing der Mann an, mich anzubrüllen und schrie, in diesem Falle hätte ich ein Verfahren zu erwarten. Ich habe das angefertigte Protokoll jedoch nicht unterschrieben. Ich sicherte lediglich schriftlich zu, dass ich über diese Vorladung bei der Staatssicherheit nicht sprechen würde, weil ich sonst die Villa nicht hätte verlassen können.

Ich bin zu keinem Termin gegangen, ich habe keine Berichte abgeliefert.

Seit dieser Vorladung bewegte ich die Frage der Flucht aus der DDR. Mir war gefühlsmäßig klar, dass meine forstliche Karriere an ihrem Ende angekommen war. An meinen Untersuchungen über die Lärchen der Letzlinger Heide fehlte noch viel, doch ich wollte die Promotion erst abschließen. So habe ich nur noch für die Gebietsmonographie der Lärche in der Letzlinger Heide gearbeitet und alles andere liegen gelassen.

In dieser Zeit kümmerte ich mich verstärkt um Tiere. So holte ich mit Hilfe eines Waldarbeiters einen von zwei Jungvögeln aus einem verlassenen Habichtshorst. Es handelte sich um einen Terzel, also um ein relativ kleines Tier im längsgetupften Jugendkleid, den ich immer auf der Faust geatzt habe. Aber er blieb schreckhaft und flog auf und hing dann an der Fessel. Ich muss da etwas falsch gemacht haben.

Auch hielt ich einen Jungfuchs, der mit mir im Zimmer lebte und recht zahm geworden war. Für ihn hatte ich einen Zwinger gebaut, in dem er sich tagsüber aufhalten konnte. Schließlich nahm ich noch einen Kiebitz auf, der sich den rechten Flügel gebrochen hatte. Den Flügel habe ich geschient. Mein Fuchs hat sich gut mit ihm vertragen. Die Futterbeschaffung für den Kiebitz entpuppte sich als sehr zeitaufwendig, weil er nur Regenwürmer fraß. So lebte ich in den letzten Monaten zusammen mit Tieren: Habicht, Fuchs und Kiebitz.

Die Katastrophe mit Gudrun hatte ich damals noch nicht überwunden, weshalb ich mich in dieser Zeit auch auf eine Art von Beziehungen einließ, die hier besser unerörtert bleiben. Ein versöhnliches Erlebnis hatte ich aber doch. Auf meinem Nachhauseweg kam mir eines Nachmittags ein vielleicht sechzehn oder siebzehn Jahre altes Mädchen entgegen, die schon auf den ersten Blick einen lieblichen und unschuldigen Charme ausstrahlte. Sie lächelte, ich sprach sie an und setzte mich mit ihr auf die Bank vor dem Hause. Ich frug wer sie sei und sie erzählte von sich mit einer Liebenswürdigkeit, ja Lieblichkeit, durch die die kleinen Dinge des

Alltags, über die sie sprach, einen Reichtum bekamen, der allein durch des Mädchens Unschuld entstand. Ich habe mich oft mit ihr auf dieser Bank getroffen, und in mir keimte eine Wärme, ja sehnsuchtsvolle Zuneigung auf. Vielleicht empfand ich so etwas wie eine Hoffnung auf eine bessere Welt. Es war eine sehr vertraute und auch vertrauensvolle Beziehung, deren Basis ihr unschuldiges Wesen war. Ich habe ihr auch von meiner Absicht erzählt, die DDR zu verlassen. So lag über unseren Gesprächen eine Abschiedsstimmung, die sie ebenso empfand. Sie sprach darüber, was es für sie bedeute, mit mir auf der Bank zu sitzen und zu sprechen, sie bekam Tränen in die Augen und lächelte dazu. Ich habe nie versucht, sie zu küssen, aber nichts hätte ich lieber getan als das. Eine heilige Scheu hat mich vor diesem Versuch bewahrt und ich bin meinem Schicksal dankbar, dass mein Verhältnis zu Frauen am Ende dieses Lebensabschnitts einen solchen Abschluss gefunden hat.

Die Flucht

Das Ende kam dann sehr plötzlich. Bisher habe ich nicht darüber gesprochen, dass ich mein Leben lang immer Waffen trug, auch in Bischofswald, und dass ich jagen ging, wenn die Verhältnisse es zuließen. Ich ging, sobald ich eine Waffe bei mir führte, nie auf den Wegen, sondern immer durch den Wald und näherte mich den Gebäuden in Bischofswalde nur langsam und vorsichtig. Kurz bevor ich den Wald verließ, noch ehe ich meine Büchse in einer alten Eiche versteckt hatte, sah ich wie ein Lichtschein über mein Fenster hinweg ging. Eine Person mit Taschenlampe befand sich in meinem Zimmer. Ich versteckte meine Waffe und ging parallel zur Straße in Richtung Ivenrode. Nach 200 Metern stand da ein Auto, ebenso eines in der Gegenrichtung, in dem aber jemand saß.

Ich habe lange überlegt, wie ich mich verhalten will. Ich hätte den Herren von der Staatssicherheit über ein nächtliches Abenteuer mit einer Frau erzählen und mich dabei weigern können, den Namen der Dame zu nennen. Nachweisen konnten sie mir nichts, und in meinem Zimmer haben sie nichts finden können, was ich nicht hätte besitzen dürfen. Aber ich habe mich nicht entschließen können, hineinzugehen. Das Gefühl, jetzt von hier unmittelbar über die Grenze gehen zu wollen, wurde immer stärker. Es war mir, als ob eine Stimme sprach: «Geh über die Grenze!» Nun war das keine Schwierigkeit. Die Grenze war zu Fuß in dieser Nacht noch erreichbar, und ich hatte auch eine Genehmigung, den Grenzbereich betreten zu dürfen. Ja, ich konnte mich gegen den Gedanken nicht wehren, jetzt und hier die DDR zu verlassen. Und so bin ich gegangen.

*

Mein zweites Leben

Ich kam am 2. Oktober 1954 nach Pforzheim, wo ich außer meinem Bruder Ulrich keinen Menschen kannte und wo mir alles fremd war. Alle Menschen, die ich nun kennen lernte, waren mir vorher nie begegnet. Und alle Menschen, mit denen ich in der DDR Kontakt pflegte, habe ich – mit wenigen Ausnahmen – nie wieder gesehen. So habe ich zwei Leben gelebt. Das erste, das hier in Südwestdeutschland niemand kennt, habe ich gerade aufgeschrieben. Mein zweites Leben, das in Pforzheim seinen Ausgang nahm, war und ist geprägt von Begegnungen mit Menschen, so dass sich meine folgende Erzählung nicht mehr an den chronologischen Verlauf meiner Biografie orientiert. (Anm. des Herausgebers: Thomas Göbel konnte diesen Teil seiner Biographie nur beginnen und so sind nur wenige Begegnungen von ihm beschrieben worden. Bevor auch nur ein wesentlicher Teil der Zeit in Westdeutschland beschrieben war, wurde er krank und war nicht mehr in der Lage, weiter zu schreiben.)

Sehr bald heiratete ich und trat in die Anthroposophische Gesellschaft ein. Das wirkte zwar vordergründig wie ein spontaner Entschluß, aber in Wahrheit entsprach es der Konsequenz, der mein zweites Leben folgte. Ich hatte mich zu einer anthroposophischen Lebenshaltung entschlossen.

Über etwas mehr als 49 Jahre habe ich mit meiner lieben Frau Ruth eine glückliche Ehe geführt, aus der zwei Töchter hervorgingen, für die wir dankbar sind. Ruth ist am 23. November 2004 in großem Frieden gestorben, nachdem sie sich flüsternd verabschiedet hatte, zuletzt auch von mir. Sie wollte sterben.

Heirat mit Ruth

Durch meinen Bruder Ulrich, damals Pfarrer der Christengemeinschaft in Pforzheim, lernte ich die Prokuristin einer Pforzheimer Brauerei kennen, die Mitglied in der Christengemeinschaft war. Sie förderte und unterstützte bereits meinen Bruder. Frau Baumann fand, dass ich die Tätigkeit als ungelernter Arbeiter in der Metallschlauchfabrik H. Ch. Witzenmann (hierüber berichte ich an späterer Stelle mehr) beenden sollte, die ich vom Arbeitsamt vermittelt bekommen hatte. Sie bot mir an, in der Verwaltung der Brauerei zu arbeiten, bis ich eine angemessene Arbeit gefunden hätte. An meinem ersten Tag, dem 8. November 1954, führte sie mich in das Büro im ersten Stock des Verwaltungsgebäudes, in dem drei Damen ihren Arbeitsplatz hatten. Als sie mich der Büroleiterin vorstellte, bekam ich einen «Überraschungsschreck des Wiedererkennens»: mich durchschoß der Gedanke: «Und die sollst Du heiraten.» Sie entsprach ganz und gar nicht dem Typ von Frauen, den ich begehrenswert fand. Noch eine ganze Woche verging, in der mir immer deutlicher wurde, dass ich meine Lebensgefährtin gefunden hatte. So lud ich sie am Freitag nach Büroschluß zu einer Tasse Kaffee ein. Der Kaffee kam und da ich nicht wusste, wie ich ein Gespräch beginnen sollte, platzte ich schließlich heraus: «Ich habe das Gefühl, dass ich Sie heiraten sollte.» Und sie antwortete: «Ja, das Gefühl habe ich auch.» An diesem Abend haben wir uns, uns immer noch mit «Sie» anredend, zur Ehe entschlossen. Am nächsten Tag ging ich zu ihren Eltern und hielt um ihre Hand an. Meine zukünftigen Schwiegereltern waren zuerst einmal nicht begeistert, vor allem ging ihnen das Ganze viel zu schnell und außerdem besaß ich nichts außer einer Tasche voller schmutziger Wäsche. Hochzeitsvorbereitungen gehen aus bürokratischen Gründen nicht ganz so schnell, und so war bald deutlich, dass unsere Tochter Nana schon unterwegs war, als wir dann am 28. Mai 1955 tatsächlich heirateten. Weil in unseren beiden Familien eine kirchliche Trauung gewünscht wurde, haben wir uns in der Christengemeinschaft vom Priester Rudolf Mayer trauen lassen. Ich habe mich

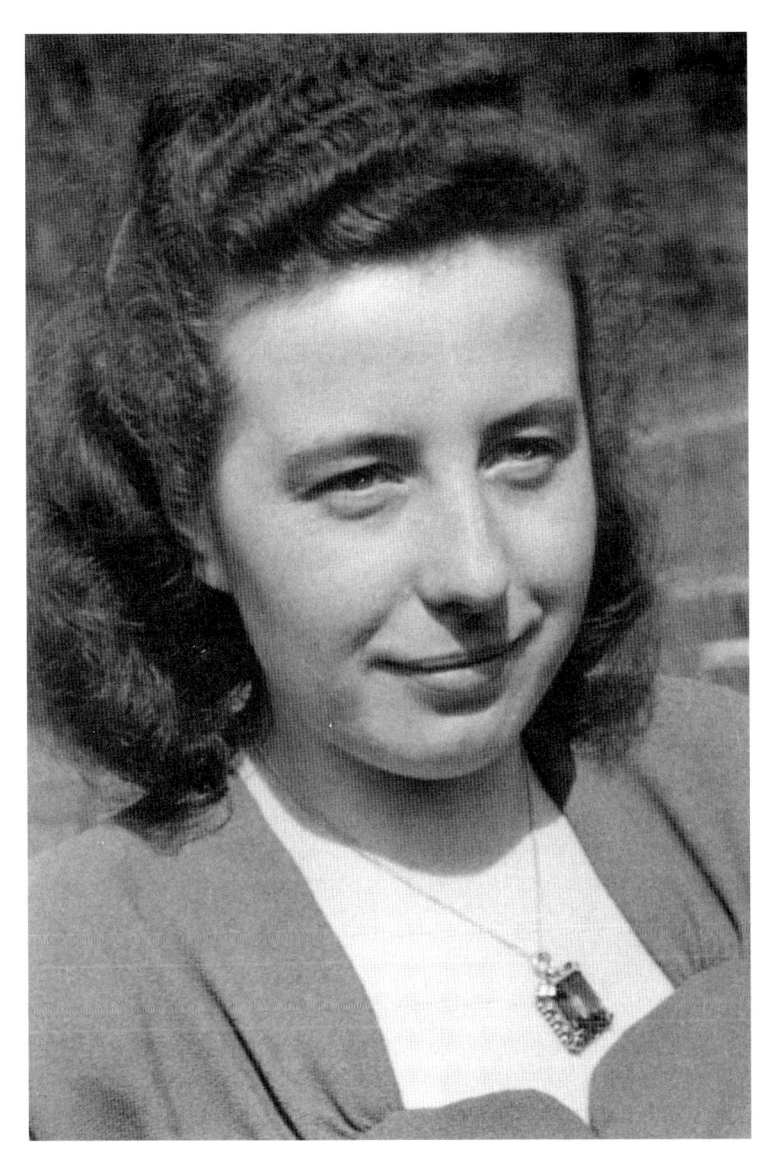

Abb. 31: Ruth, ein Portrait aus der Zeit bevor wir uns kennenlernten, wohl um 1950.

*Abb. 32: Ruth und ich haben am 28. Mai 1955 geheiratet.
Wir wohnten noch viele Jahre im Dachgeschoß des Hauses
meiner Schwiegereltern.*

gern gefügt, obwohl ich für mich selber kein Verlangen danach hatte, aber alles andere wäre auch bei meinen Eltern auf völliges Unverständnis gestoßen. Zur Trauung kam auch meine Mutter aus Magdeburg, die ihre Schwiegertochter beiseite nahm, um sie über ihren Zukünftigen erst einmal aufzuklären. Ruth muss ziemlich konsterniert gewesen sein, und sie hat mir erst Jahre später berichtet, was ihr meine Mutter alles über ihren Sohn erzählt hat.

Wieder im Forst

Noch vor unserer Hochzeit habe ich mich entschlossen, mich zum einen meinem alten Beruf zuzuwenden und zum anderen Anthroposoph werden zu wollen. So bin ich in die Anthroposophische Gesellschaft eingetreten. Beide Entschlüsse waren rational vor mir selbst nicht begründbar. Als Forstmann war ich chancenlos, da es keine freien Stellen gab. Vom damaligen Land- und Forstwirtschaftsministerium in Stuttgart wurde mir angeboten, meine Referendarzeit nachzuholen, weil meine in der DDR absolvierte nicht anerkannt wurde – doch nur unter dem Vorbehalt, dass ich später keinen Anspruch auf eine Planstelle erhebe. In Bezug auf meine Mitgliedschaft in der Anthroposophischen Gesellschaft kam die völlige Ernüchterung während eines Gesprächs mit dem Zweigleiter, das ich als so peinlich in Erinnerung habe, dass ich darüber nichts mitteilen möchte. So habe ich an den Zweigabenden nicht regelmäßig teilgenommen. Etwas ganz anderes war die anthroposophische Arbeit, die ich zusammen mit einigen jüngeren Mitgliedern und Karl Buchleitner durchführte.

Da ich meinen alten Beruf nicht aufgeben wollte, habe ich mich beim Forstamt der Stadt Pforzheim als Holzhauer beworben und behauptet, Waldfacharbeiter zu sein. Da ich kein entsprechendes Zeugnis vorweisen konnte, wurde ich als ungelernter Arbeiter eingestellt und begann am 30. November 1955. Anfänglich arbeitete ich allein, was aber nicht lange geduldet wurde, weshalb ich einem Kollegen zugewiesen wurde, der Waldfacharbeiter war.

Der Winter 1955/56 war ein besonders harter Winter, aber wir haben beide keinen Tag ausgesetzt, auch wenn sich am Abend Eis in den Schuhen gebildet hatte oder die tief gefrorenen Baumstämme wie Glas brachen. In diesem Winter besuchte ich in der Waldorfschule die Oberuferer Weihnachtsspiele. Beim Verlassen des Saales kam ich an einer halb geöffneten Tür vorbei und sah, wie die Kumpanei der Spieler Kartoffelsalat und Würstchen aß. Ich bekam Appetit, ging hinein, ließ mir Kartoffelsalat geben, nahm ein Würstchen und aß. Da kam ein etwas älterer und rundlicher Herr auf

*Abb. 33: 1956 als Waldarbeiter wieder im alten Beruf tätig.
Wir haben auch bei Temperaturen unter –20°C gearbeitet.*

mich zu und frug, was ich hier mache. Ich erzählte, dass ich Waldarbeiter bin, und da zeigte sich, dass er eine Aufgabe für mich hatte. Er würde, so sagte er, nach São Paulo gehen, um dort eine Waldorfschule zu gründen. Und in seinem Garten stehe ein absterbender Nussbaum und er frug mich, ob ich diesen nicht fällen könne. Ich sagte zu, und so verabredeten wir den kommenden Samstag. Auf meine Frage, wie groß dieser Baum sei, zeigte er mit den Händen einen Durchmesser von 40 Zentimetern. Mit einer leichten Axt sowie einer einhändigen Säge von 80 Zentimetern Blattlänge ausgerüstet erschien ich samstags bei Karl Ulrich, der damals am Häldenweg in Pforzheim ein Haus besaß.

Als ich vor dem Grundstück stand, sah ich einen in den Zaun eingewachsenen alten Nussbaum von etwa 90 – 100 Zentimetern im Durchmesser. Das war der zu fällende Baum. Ich habe Karl Ulrich gesagt, dass ich nicht verstehe, wie er mich so falsch informieren könne, denn für so etwas hatte ich kein Werkzeug mitgenom-

Abb. 34: 1956 beim Aufarbeiten der Eichenruine bei Dillweißenstein

*Abb. 35: Der im Winter 1955/56 gefrorene Wasserfall
unter der Brücke von Dillweißenstein*

men. Meine Rede war ziemlich unfreundlich, so dass er schon auf die gesamte Aktion verzichten wollte und meinte, es wäre auch nicht schlimm, wenn der Baum stehen bliebe. Darauf ließ ich mich nun nicht ein und begann, den Baum vom Zaun zu befreien. Nun erklärte er mir, dass ich zuerst alle Äste abzusägen hätte. Ich erwiderte, wenn er so genau wisse, wie man diese Arbeit zu leisten habe, warum er sie dann nicht selber mache. Statt einer Antwort auf diese Frage wies er mich auf zwei Pflaumenbäume in der Nähe hin, die er nicht vom fallenden Nussbaum beschädigt sehen wollte.

Ich habe trotz seiner Proteste mit der Arbeit begonnen und den Fallkerb angesetzt. Karl Ulrich verschwand und ich sah, wie er mich aus einem Dachfenster beobachtete. Als der Fallkerb fertig war, der Sägeschnitt saß und zwei Keile angesetzt waren, klingelte ich und bat ihn, mir eine Flasche zur Verfügung zu stellen und mitzukommen. Ich stellte die Flasche auf und sagte: «Herr Ulrich, die große Gabel des Nussbaums fällt jetzt auf die Flasche, die im

Boden verschwindet. Dieser Ast fällt zwischen die Pflaumenbäume, der zweite große Ast daneben.» Ich keilte, der Baum fiel und es trat ein, was ich vorhergesagt hatte. Da hüpfte er wie ein Gummibällchen und rief: «Wer so etwas kann, der kann noch mehr, Sie müssen Waldorflehrer werden!» Er fand, dass ein praktischer Mensch wie ich in São Paulo zu brauchen wäre. Deshalb wollte er mich mitnehmen, sobald ich meine Ausbildung als Waldorflehrer absolviert hätte. Er ermittelte, dass ich in dem Ausbildungslehrgang in Stuttgart, der vor einigen Wochen schon begonnen hatte, noch aufgenommen werden würde. Also fuhr ich jeden Morgen nach Stuttgart und kam abends zurück.

Bald schon nahm mich Herbert Witzenmann, dessen Philosophie- oder sagen wir besser Anthroposophievorlesungen immer am Montag stattfanden, montags in seinem Wagen mit. Ihm erzählte ich auch, wie ich auf Willi Äpplis Behauptung reagiert hatte, der Mensch nehme die Gestalten durch den Bewegungssinn wahr. Meine Bemerkung zeitigte Folgen: Herr Äppli setzte sich mit Herrn Ulrich in Verbindung und machte ihm wohl klar, dass er sich mit mir eine Laus in den Pelz setze, mit der er nicht fertig werden würde. Also ging Karl Ulrich nach São Paulo, ohne sich mit mir jemals wieder in Verbindung zu setzen.

Waldorflehrer in Pforzheim

Nach dem Abschluss der Waldorflehrerausbildung in Stuttgart (1. Mai 1956 bis 31. März 1957) bewarb ich mich an der Waldorfschule in Pforzheim: einfach deshalb, weil ich dort zuhause war und einen Lebensumkreis gewonnen hatte. Ich wurde auf 10.00 Uhr zu einem Vorstellungsgespräch eingeladen. An diesem Tage kam ich etwa um 9.30 Uhr auf den Schulhof. Dort stand ein Herr von stabiler Statur und einem großen runden Kopf, der mit einer Dame sprach. Herr Beck – so hieß er – fragte mich, ob er mir helfen könne. Ich stellte mich vor und er teilte mir mit, dass ich erwartet würde, meinte dann aber, dass die zwölfte Klasse gerade ohne Lehrer sei und ob ich nicht in diese Klasse gehen könne. Nachdem Ruhe eingetreten war, frug ich die Schüler, bei wem sie jetzt normalerweise Unterricht hätten. Zu meinem Erstaunen erfuhr ich, dass Mathematik bei Herrn Beck auf dem Plan stand! Darauf verließ ich die Klasse wieder, ging zu Herrn Beck, der sich immer noch mit der Eurythmielehrerin unterhielt, fasste ihn am Schlips und sagte: «Das machen Sie mit mir nicht noch einmal – wenn Sie nicht im Augenblick zurück in Ihre Klasse gehen, geschieht hier ein Unglück!» Er begab sich unverzüglich zu den Zwölftklässlern.

Im Vorstellungsgespräch mit dem Kollegium wurde vereinbart, dass ich die siebente Klasse kurz vor dem Ende des Schuljahrs übernehme solle. Ich war bereits der achte Klassenlehrer und forderte deshalb, Klassenbetreuer bis zum Abitur bleiben zu können. Dies wurde mir zugesichert. Ich unterrichtete meine Schüler insgesamt sieben Jahre, wenn man die siebente Klasse dazu rechnet. Und sie waren wirklich meine Schüler: Es haben zwar nicht alle das Abitur gemacht, aber durchgefallen ist keiner. Den Lehrerberuf habe ich nach dem Abitur dieser Klasse Ende März 1964 aufgegeben. Ich war vom 1. April 1957 bis zum 31. März 1964 Lehrer an der Pforzheimer Waldorfschule.

Zum Abschluss der achten Klasse sollte ein Klassenspiel einstudiert werden und danach noch eine Klassenreise nach Ravenna stattfinden. In der Klasse gab es einige Schüler, die richtige Rüpel waren, besonders taten sich dabei drei Schüler aus Karlsruhe hervor, die jeden Tag mit der Bahn nach Pforzheim zur Schule fuhren. Mit diesen dreien wurden einige Lehrer nicht fertig, und das war für mich der Anlaß, nach einem Klassenspiel Ausschau zu halten, das auf diese Situation Rücksicht nahm. Um nichts falsch zu machen, fuhr ich nach Stuttgart und ließ mich vom führenden Germanisten, Herrn Dr. Mattke, beraten. Nachdem ich ihm geschildert hatte, worin die Probleme besonders des Musik- und Französischlehrers bestanden, riet er mir, «Herr Peter Squenz» von Andreas Gryphius einzustudieren. So erhielt jeder Schüler ein Reclam-Heft mit der Auflage, den Text zu lesen und sich zu überlegen, welche Rolle er übernehmen könne. Einige Tage später hörte ich von mei-

Abb. 36: Während der Klassenfahrt nach Ravenna

nen empörten Schülern, dass eine meiner Kolleginnen, deren Sohn auch in diese Klasse ging, alle Reclam-Hefte eingesammelt habe. Die im Text enthaltenen Kraftausdrücke hatte sie mit Tinte geschwärzt und in der Konferenz verlangt, dass Gryphius nicht aufgeführt werden dürfe. Ich erzählte nicht, dass mir das Stück von Dr. Mattke empfohlen worden war. Die Konferenz stimmte meiner Kollegin zu und verbot «Herr Peter Squenz». Stattdessen studierte die Eurythmielehrerin ein Stück von Shakespeare ein, bei dem leider die schlimmsten Rabauken der Klasse keine Rolle erhalten haben.

Nun stand die Klassenfahrt nach Ravenna an. Die allermeisten Eltern haben die Reise begrüßt und für die Finanzierung gesorgt, obwohl eine Reise ins Ausland zu dieser Zeit ganz ungewöhnlich war. Ein Bahnbehälter wurde mit Zelten, Gummimatratzen und sonstigem Material beladen und nach Ravenna vorausgeschickt. Ich selber fuhr mit meinem Kraftfahrzeug und einigen Schülern

Abb. 37: Mausoleum des Theoderich in Ravenna. Der Versuch, sich in den steinernen Sarkophag zu legen zeigte, dass Theoderich kaum länger als 1.60 m gewesen sein kann.

nach Ravenna und ein Elternpaar begleitete den Rest der Schüler während der Bahnfahrt. Als wir in Ravenna eintrafen, war der Bahnbehälter nicht da und er ist auch während der zwei Wochen, die wir in Ravenna verbracht haben, nicht eingetroffen.

Ich stand also in Marina di Ravenna ohne alles Material auf dem Campingplatz. Der hilfsbereite Inhaber des Campingplatzes hat getan, was ihm möglich war: Das Elternpaar wurde in dem Verwaltungshäuschen untergebracht, die Schüler fanden eine Schlafmöglichkeit in zwei großen Zelten, die der Platzwart zur Verfügung stellte. Nur ich hatte nichts und so legte ich mich an diesem ersten Abend unter eine Pinie. Es war eine Vollmondnacht und verhältnismäßig warm.

Ich erwachte, als ich einen meiner Schüler in Richtung auf das Mädchenzelt gehen sah. Ich stand auf und ging ihm nach. Aber er sah merkwürdig aus. Er trug einen Rock, der ihm bis über die Knie reichte, er hatte lange Haare, in der Hand hatte er ein Kurzschwert, mit dem er Frauen und Kinder umbrachte. Dann sah ich andere Schüler meiner Klasse, die ebenfalls auf Kinder und Frauen einschlugen. Als ich schreien wollte, wachte ich wirklich auf und fand mich allein unter der Pinie. Über dieses Erlebnis war ich dermaßen konsterniert, dass ich meine Frau nach der Reise fragte, ob ich einen Psychiater aufsuchen sollte – aber sie meinte, erst dann, wenn es häufiger auftreten sollte.

Erst im Alter habe ich begriffen, dass dieses Erlebnis einen realen Hintergrund hatte und mit meinem vergangenen Leben zusammenhing, das heißt mit einer Persönlichkeit, zu der mein höheres Wesen gehört hat. Diese Persönlichkeit war nicht der Anführer einer ostgotischen Horde, wie ich anfänglich geglaubt hatte, sondern lebte am Hofe Theoderichs in Ravenna. So hat es zu meinem Schicksal gehört, mit meiner damals achten Klasse nach Ravenna und in Umstände gekommen zu sein, unter denen diese Rückschau sich ereignen konnte.

Wir haben das Mausoleum der Galla Placidia besucht und uns von dem durch seine Alabasterscheiben hervorgebrachten Honiglicht bezaubern lassen, das dieses Mausoleum erfüllt, wenn der Raum längere Zeit geschlossen bleibt. Galla Placidia, die Tochter des römischen Kaisers Theodosius I., wurde 410 von den Westgoten als Geisel genommen. Sie wurde erst die Gemahlin des westgotischen Königs Athaulf, danach die des Kaisers Constantin III. Wir besuchten auch das Grabmal Theoderichs des Großen – und ich habe mich in seinen Sarkophag gelegt. Theoderich wurde als Geisel am Kaiserhof in Byzanz erzogen und besiegte im Auftrage des oströmischen Kaiserreiches Odoaker, der von den germanischen Söldnern zum König ausgerufen worden war, nachdem er den letzten weströmischen Kaiser Romulus Augustus abgesetzt hatte. Theoderich erstach Odoaker mit eigener Hand. Im Dienste Theoderichs stand der Römer Boëthius (Amitius Manlius Torquatus Severinus), der verräterischer Beziehungen zu Ostrom angeklagt, ins Gefängnis geworfen und hingerichtet worden war. Boëthius hatte die logischen Schriften des Aristoteles übersetzt und ist besonders durch sein im Gefängnis geschriebenes Werk «Trost der Philosophie» während des ganzen Mittelalters berühmt gewesen. Das war der historische Hintergrund für die Klassenfahrt nach Ravenna gewesen.

Noch während meiner Zeit als Klassenbetreuer begegnete ich Karl Fischer, über den ich nach meiner «Schulzeit» zunächst Mitarbeiter in der Firma E.G.O. in Oberderdingen wurde, schließlich, wenn auch nur für kurze Zeit, Personalleiter der Firma.

Herbert Witzenmann

Meine Begegnungen mit Herbert Witzenmann sind ungewöhnlich vielgestaltig verlaufen und haben mir viele Aspekte seiner ungewöhnlichen Persönlichkeit bewusst gemacht. Herbert Witzenmann war der erste, dem ich in Pforzheim begegnet bin, weil mir vom Arbeitsamt meine erste Anstellung im Oktober 1954 in seiner Firma vermittelt worden war.

Mein Arbeitsplatz lag im Keller der Metallschlauchfabrik. Dort stand eine Maschine, die breite Stahlbänder in schmale Bänder trennte. Jedes neue breite Band musste nach dem Anlaufen der Maschine zugeführt werden, die herauskommenden schmalen Bänder waren auf entsprechenden Rollen aufzuwickeln. Das musste relativ schnell gehen, damit sich kein Bandsalat aufhäufte. Eine Geschwindigkeitsregulierung gab es nicht. Zwar hatte man Lederhandschuhe für diese Arbeit, aber die Ränder der Bänder waren so scharf, dass sie gelegentlich die Handschuhe durchschnitten, wenn man ungeschickt zufasste. Um überhaupt ein Motiv für diese Arbeit zu haben, versuchte ich, die Grifffolge zu optimieren und mir Zeitziele zu setzen. Dazu habe ich Aufschriebe angefertigt, um über den Fortschritt der Fähigkeiten ein Urteil zu haben. Übrigens hat das den Unmut meines Vorarbeiters ausgelöst. Einmal verletzte ich mich an der linken Hand, stellte die Maschine ab und ging die Treppe mit blutender Hand hinauf, um mich in einem Sekretariatszimmer verbinden zu lassen. Beim Hinaufgehen kam mir Herbert Witzenmann entgegen. Ich grüßte, er aber grüßte nicht zurück, sondern ging stumm an mir vorbei. Das war meine erste Begegnung mit Herbert Witzenmann.

Ich hatte damals etwas, was ich heute einen sozialen Tick nennen würde. Ich bin sicher, niemals den Vorgesetzten herausgekehrt zu haben, auch nicht oder besonders nicht, als ich Waldbauleiter in Haldensleben war. Immer habe ich versucht, argumentativ zu überzeugen und die beste mir möglich erscheinende Lösung verbindlich zu vertreten, unabhängig von meiner Stellung in einer Hierarchie. So auch bei dieser ersten Begegnung mit Herbert Witzenmann. In dieser Weise übersehen zu werden, wie es hier der Fall war, wirkte verletzend, herabsetzend, ja antisozial. Ich habe in dem Zorn, der sich doch einige Tage hielt, sehr überlegt, ob ich ihn erschieße oder nicht. Das notwendige Mittel dafür war leicht zu beschaffen; ich besitze es heute noch – allerdings legal. Aber dieser Vorsatz kam über eine Versuchung nicht hinaus, Gott sei Dank.

Die nächste Begegnung mit Herbert Witzenmann fand während meines Pädagogik-Studiums am Waldorflehrerseminar in Stuttgart statt. Er hielt über einige Monate jeden Montagmorgen eine Philosophievorlesung. Da ich dafür von Pforzheim nach Stuttgart fahren musste, bat ich ihn mich in seinem Wagen mitzunehmen. Also wartete ich an einer bestimmten Stelle in der Nähe seiner Wohnung, bis er mit seinem Mercedes kam. Während der Fahrt behandelte er Fragen, die ich zu seiner Vorlesung hatte. Mir imponierte dabei die Brillanz seiner Denkfiguren außerordentlich. Ich verspürte den Wunsch, ebensolche Exaktheit und logische Urteilskraft erüben und erwerben zu wollen. Trotz dieser – ich darf sagen – Zuneigung zur Art seines Denkens hat mich etwas gehindert, geradezu körperlich gehindert, ihm nachzueifern und sein Schüler zu werden. Dieses Hindernis war mir lange ein Rätsel. Kurz vor seinem Tode, bei der letzten Begegnung mit ihm, erkannte ich den Grund für den Abstand, den ich gehalten habe. Ich teilte ihm mit, dass seine Denkfiguren für mich zu goldenen Käfigen würden, die ich nicht verlassen könne, wenn ich mich damit verbinden würde. Er hat mich erstaunt angesehen, aber geschwiegen. Aus seinem Blick war etwas verschwunden, was diesen sonst beherrscht hatte. Aus dem Papstblick, den er sonst hatte, war der eines Fragenden geworden. Im Nachhinein wird mir deutlich, dass ich ihn niemals Fragen stellen hörte, ich meine wirkliche Fragen, die man stellt, wenn man keine Antwort hat oder noch nicht hat. Seine Fragen waren immer rhetorisch und er hat sie allein gestellt, um an der Antwort, die er selber gab, ein intellektuelles Problem zu erörtern.

Schließlich habe ich Herbert Witzenmann auch als Mitglied im Zweig der Anthroposophischen Gesellschaft erlebt. Die Zweigabende fanden damals in der Wohnung eines Bankdirektors in der Calwer Straße statt. Hier also erschien Herbert Witzenmann einmal. Einen zweiten Auftritt von ihm habe ich dort nicht erlebt. Herbert Witzenmann kam auf den Chef des so genannten unteren Bades in Bad Liebenzell zu sprechen und urteilte über ihn etwa folgendermaßen: «Da sitzt Herr … in Bad Liebenzell und denkt. Da sitzt er einsam und denkt. Einsam und losgelöst vom großen Strome des Goetheanum sitzt Herr … in Bad Liebenzell und denkt.» Das wirkte ziemlich demagogisch. Und keiner der Anwesenden hat sich erlaubt, diese Bemerkungen zu kommentieren.

Herbert Witzenmann hatte extrem große Ohren. Ich hatte etwa Mitte der neunziger Jahre Anlaß, über große Ohren nachzudenken. Und bei der Betrachtung eines Fotos von Herbert Witzenmanns fiel mir die Größe seiner Ohren auf. Seitdem sind mir Ohren interessant und zur Frage geworden. Ich selber habe auch große Ohren, wenn auch nicht ganz so große, und wenn ich auf die Reihe meiner Lehrer blicke, so hatten sie alle diese Riesenohren: Rudolf Steiner, Johann Wolfgang Goethe, Gerbert Grohmann und mein Pforzheimer Lehrer, Karl Strobel, dem ich meine Liebe zu den Schmetterlingen verdanke. Wie sie am Kopf standen, war allerdings sehr verschieden. Bei Goethe lagen sie dicht am Kopf an, bei Rudolf Steiner und Karl Strobel standen sie so wie bei den meisten Menschen und bei Gerbert Grohmann standen sie ab wie Flügel.

*Abb. 38: Herbert Witzenmann, wie ich ihn
und seine Ohren in guter Erinnerung habe.*

Auf einem Altersfoto von Herbert Witzenmann sind sie der faszinierende Mittelpunkt des Bildes. Seine schneeweißen Haare rahmen sie ein und zusammen mit seinem Papstblick sind sie ein altes Bild seines Wesens. Der Mensch lebt nicht nur einmal auf dieser Erde. Die großen Ohren könnten auf etwas deuten, was mit dem vorangehenden Erdenleben zusammenhängt, was sich natürlich nicht allein aus großen Ohren ableiten lässt. Rudolf Steiner, Herbert Witzenmann, Goethe, Gerbert Grohmann und Karl Strobel sind mir als eigenständige und originelle Denker und Beobachter begegnet. Rudolf Steiners Gedankenstrenge ist zum Beispiel aus seinem Buch «Theosophie» zu erfahren. Herbert Witzenmanns goldene Gedankenkäfige habe ich unmittelbar selbst erlebt. Goethes Art, naturwissenschaftliche Phänomene in Reihen zu ordnen, damit sie sich dadurch selber aussprechen, ist mir persönlich Vorbild geworden. Ähnliches gilt auch für Gerbert Grohmann. Seine Nüchternheit, die er in den letzten Jahren hatte, hat bei mir bewirkt, daß ich nicht ins Phantastische abgeglitten bin, wozu ich Talent hatte. Dazu kommt bei meinen Lehrern die Fähigkeit, Bilder zu schaffen. Karl Strobel konnte vor allem Bilder erzählen, Bilder seiner Erfahrungen an Schmetterlingen. Nur Herbert Witzenmann hatte ein bildfreies Denken. Wohl deshalb ist er auch nicht mein Lehrer geworden. Alles zusammen genommen korreliert das intellektuelle Vermögen mit den großen Ohren. Die Ausnahme dabei ist Karl Strobel, zu dessen Schicksal es in diesem Leben gehörte, nicht zur Hellsichtigkeit, zur Imagination gekommen zu sein. Aber immerhin hat er Rudolf Steiner in Pforzheim persönlich erlebt und mit ihm «diskutiert», wie er es ausdrückte.

Willi Aeppli und Ernst Weißert

Als ich in den Jahren 1956/57 das Waldorflehrerseminar in Stuttgart besuchte, hatten Lotte Ahr und Sophie Porzelt die Leitung inne. Ernst Weißert war am Seminar nicht unmittelbar beteiligt, sondern unterrichtete in dieser Zeit an der ersten Waldorfschule, die 1919 von Rudolf Steiner eingerichtet worden war. Er wohnte mit seiner großen Familie – er hatte dreizehn Kinder – in einer Baracke auf dem Schulgelände.

Zu den weiteren Persönlichkeiten, die Einfluss hatten, gehörte auch Ernst Bindel, der jeden Morgen mit seinem irischen Setter am Eingang der Schule stand, um die zu spät kommenden Schüler zu empfangen.

Und schließlich gehörte zu den «Einfluss-Nehmenden» auch Willi Aeppli, ein Schweizer, der nicht ständig am Seminar unterrichtete, sondern so etwas wie ein Inspektor für Waldorfpädagogik war, der von Schule zu Schule reiste, aushalf und Rat gab, wo es nötig war. Als er am Seminar in Stuttgart eine Einführung in den pädagogischen Vortragszyklus «Allgemeine Menschenkunde» von Rudolf Steiner gab, ereignete sich ein Zwischenfall, der die Wogen hochschlagen ließ. Diesen Zwischenfall habe ich verursacht. Willi Aeppli behandelte einen Vortrag aus dem genannten Zyklus und sagte dabei mit deutlicher Betonung: «Der Mensch nimmt die Gestalten, die er sieht, mit dem Bewegungssinn wahr.» Daraufhin habe ich laut gelacht. Auf seine Frage, warum ich lache, antwortete ich: «Weil das Unsinn ist.» Darauf Willi Aeppli: «Rudolf Steiner hat es aber so dargestellt.» Nun begriff ich, dass ich mir ein Sakrileg hatte zu Schulden kommen lassen und schwieg.

Nun ließ mir dieser Unsinn keine Ruhe und ich entschloss mich, die Behauptung zu widerlegen. Dazu baute ich in einer der nächsten Stunden eine Plattenkamera vor dem großen Fenster des Unterrichtsraumes auf und hängte mehr als einen Quadratmeter Fliegengitter vor das Fenster. Ich wählte die kürzeste Belichtungszeit und bat Herrn Aeppli, die Mattscheibe der Kamera zu beobachten. Meine Frage, ob er das Fliegengitter gesehen habe, als ich auf den Auslöser drückte, musste er bejahen. Darauf habe ich gesagt: «Wenn der Bewegungssinn das Muster des Fliegengitters wahrnimmt, wäre ich bereit auszurechnen, mit welcher Geschwindigkeit der Bewegungssinn die Vertikalen und die horizontalen Linien des Fliegengitters abgefahren haben muss, damit das Fliegengitter voll erscheinen konnte. Ich meine, dass das in die Nähe der Lichtgeschwindigkeit kommen müsse.»

Jahre später habe ich es sehr bereut, einen alten Mann so vorgeführt zu haben. Deshalb entschloss ich mich, eine phänomenologische Sinneslehre auszuarbeiten, sozusagen als Wiedergutmachung. Er war da schon gestorben und ich habe gehofft, dass er sich nach seinem Tode dafür interessieren möge.

Diese Episode war der Anlaß für Willi Aeppli, einen Versuch zu starten, mich zu relegieren. Es wurde eine Konferenz der Schulleitung einberufen, die sich mit diesem Vorfall befasste. Frau Ahr und Frau Porzelt waren unterschiedlicher Ansicht. Frau Ahr war gegen, Frau Porzelt für eine Relegation. Deshalb wurde Ernst Weißert zugezogen, den ich hier zum ersten Mal kennenlernte. Er stellte sich auf die Seite von Frau Ahr – so kam ich mit einer Verwarnung davon. Frau Ahr habe ich als Dank eine Deckenleuchte gebaut.

Die nächste Begegnung mit Ernst Weißert fand statt, als ich in Oberderdingen in der Lehrlingsausbildung der Firma EGO beschäftigt war. Ich war einigermaßen stolz darauf, in dieser Firma eine Lehrlingsausbildung aufgebaut zu haben, die neben der Fachausbildung zum Werkzeugmacher oder zum Betriebsschlosser auch Allgemeinwissen und künstlerische Tätigkeiten zum Inhalt hatte. Dieser neue Ansatz in der Lehrlingsbildung wurde bekannt und Ernst Weißert beschloss, zu einem Besuch nach Oberderdingen zu kommen. Während der Hinfahrt in meinem Auto erzählte er, dass seine Familie väterlicherseits aus der Umgebung von Oberderdingen, genauer aus Bretten, stamme. Da gäbe es den Schwarzerdhof, von dem Melanchthon stamme, denn Schwarzerd heißt auf griechisch Melanchthon, und nördlich davon läge der Weißerdhof, nach dem sich die Weißert'sche Familie nennt. Ob sich Ernst Weißert zu meiner Lehrlingsausbildung und der künstlerischen Ausgestaltung, die auch die Räume der Lehrlingsausbildung einschloss, geäußert hat, erinnere ich nicht mehr.

Zu meinem Schicksal gehört es, dass meine Arbeit in der Firma EGO in Oberderdingen eine Zwischenstation auf dem Lebensweg blieb. Als ich in Oberderdingen gehen musste, worüber im Zusammenhang mit Karl Fischer noch zu berichten ist, besuchte ich Ernst Weißert in Stuttgart und erzählte, wie und weshalb es in Oberderdingen zu meinem Ausscheiden aus der Firma gekommen war und teilte mit, dass ich wieder als Waldorflehrer tätig werden möchte. Darauf Ernst Weißert: «Sie wieder bei uns? Wir sind froh, dass wir Sie los sind.» Nun hätte ich mich an einer Waldorfschule bewerben können und Weißert hätte das auch, wenn er wollte, nicht verhindern können. Aber das ließ mein Stolz damals nicht zu. Und so war ich also beschäftigungslos. Die Abfindung, die ich von der Firma EGO erhalten hatte, ohne darum zu bitten, reichte noch für das kommende halbe Jahr und ich hatte daher Zeit, mich neu zu orientieren. Ernst Weißert hatte ein phänomenales Gedächtnis für Menschen und für Situationen. Zusammen mit meiner Frau habe ich alle Vorträge besucht, die er in Pforzheim und in Stuttgart gehalten hat. Jedes Mal kam er auf meine Frau zu und begrüßte sie herzlich. Er hatte sie offensichtlich ins Herz geschlossen.

Karl Fischer

Meine Klasse in Pforzheim hatte etwa 30 Schüler, mehr Jungens als Mädchen. Was ich erstaunlich fand, war die Tatsache, dass zwei der Mädchen miteinander verwandt waren: M. war die Tante von B. und B. war die einzige in der Klasse, die geflickte Schuhe anhatte. Mein erster Elternbesuch galt deshalb der Familie Fischer in Oberderdingen, dem Elternhaus von B.

Meine Überraschung war groß. Die Villa, in der Fischers wohnten, lag inmitten eines großen Grundstückes und bestand aus drei Flügeln. Empfangen wurde ich von Karl Fischer, dem Vater von B. Ihre Mutter trat nicht in Erscheinung. Zu den geflickten Schuhen sagte Karl Fischer, dass dies keine Frage der wirtschaftlichen Lage seiner Familie sei, sondern ein Prinzip, das für alle Familienangehörigen gelte. Alles, was in Benutzung ist, wird so lange verwendet, bis es unbrauchbar geworden ist und erst dann durch ein neues Stück ersetzt. Ich hatte bis dahin über Besitz oder Nichtbesitz im Verhältnis zu den Gebrauchsgegenständen nicht nachgedacht, begriff aber, dass mich das als fast ganz mittellosen Menschen nicht tangierte.

Nun fragte ich nach seinem Beruf. Karl Fischer stellte sich als Eigentümer der Firma Elektrogeräte Oberderdingen (EGO) vor, woraufhin ich ihn bat, mir die Firma zu zeigen. Wir fuhren in einem Mercedes von seiner Villa zum Fabriktor und stiegen im Hof aus. Besonders in dieser Zeit wirkten die Gebäude der Firma spartanisch. Sie waren wohl immer mit dem Wachstum der Firma ausgebaut und vergrößert worden. Im Dorfmund hieß dieses Agglomerat die «Vereinigten Hüttenwerke», hier eine Hütte, dort eine. Alle großen Gebäude, auch das Verwaltungsgebäude, sind später gebaut worden; nur die Gießerei war in einer entsprechend großen Halle untergebracht. Die Firma bestand aus zwei Arealen, wovon der alte Teil mitten im Dorf lag. Karl Fischer führte die Firma und seine 3000 Mitarbeiter patriarchalisch. Wir gingen so durch die Firma, dass ich den Produktionsgang verstehen lernen konnte. Sowohl in der Betriebsschlosserei wie in der Werkzeugmacherei gab es Lehrlinge. Diese standen auf Holzpodesten, die ihrer Körpergröße angepasst waren, damit alle den Schraubstock, an dem sie arbeiteten, sachgemäß benutzen konnten. Aber die Arbeitsplätze der Lehrlinge standen in den dunklen Ecken der Werkstätten. Darauf angesprochen erklärte er mir: «Wissen Sie, Herr Göbel, Sie sind der erste, der *nicht* alles besser weiß, was hier gemacht wird. Wenn Sie glauben, dass Lehrlinge anders mit ihrem Beruf vertraut gemacht werden sollen als es hier der Fall ist, dann steht es Ihnen frei, es besser zu machen.» Darauf habe ich ihm geantwortet: «Herr Fischer, das haben Sie dem Falschen gesagt. Ich komme und werde das ändern.» «So», sagte er, «wann wollen Sie denn kommen?» Ich: «Ab morgen, Herr Fischer.» Er: «Na dann fangen Sie morgen mal an.»

Ich bin sicher, dass er nicht damit gerechnet hatte, dass ich am nächsten Nachmittag erscheinen würde. Ich meldete mich an der Pforte und wurde bald danach in sein Büro geführt. Karl Fischer versprach, sein Wort zu halten. Und nun war es mein Problem, die

Bedingungen für meine Arbeit zu schaffen. Das Raumproblem war das erste. Nach vielen Gesprächen bekam ich einen Raum auf dem Dachboden neben der Werkzeugmacherei, der als Lager für Dinge diente, die nicht mehr gebraucht wurden. Dieser Dachboden wurde leer geräumt und alles andere war meine Sache.

Um den Fortgang zu verstehen, muss man den Führungsstil von Karl Fischer kennen und verstehen. Dazu habe ich längere Zeit gebraucht und auch vieles falsch gemacht. Die Firma EGO erhielt ihren Namen, als Karl Fischer mit einigen Mitarbeitern nach Oberderdingen zog und dort die Firma zur Herstellung von Elektroheizplatten gründete. Einige dieser alten Mitarbeiter arbeiteten zu meiner Zeit noch im Betrieb. Zu ihnen hatte Karl Fischer das persönliche Verhältnis aus der Anfangszeit beibehalten. Diese alten Mitarbeiter duzte er und sprach oft mit ihnen, hörte ihre Vorschläge und Klagen an, was regelmäßig zu Konsequenzen führte, die auch ihre Vorgesetzten und Abteilungsleiter betrafen. Das war die informelle Führungsstruktur der Firma. Ein ähnliches, wenn auch nicht so enges Verhältnis hatte er auch zu einigen Führungskräften, die ebenfalls aus der Anfangszeit stammten. Das war vor allem sein Finanzverwalter, ohne den nichts ging, was irgendwie Geld kostete, und der Betriebsleiter, dem offiziell die Abteilungsleiter unterstanden. Karl Fischer hatte aber immer und überall seine Zugriffsmöglichkeit in allen Schichten der sich entwickelnden Hierarchie. Eine seiner Töchter war seine Büroleiterin, saß mit ihm in seinem Arbeitszimmer und hat ihm aufopferungsvoll gedient.

Eigentlich gab es nichts, was Karl Fischer nicht selbst entschied, wenn er das wollte. Nur hatte der Betrieb inzwischen eine Größe erreicht, in der das nicht mehr voll möglich war. Diese ganzen Verhältnisse kannte ich nicht, als ich in der Firma etwas Neues einrichten wollte.

Herr Fischer hatte die Angewohnheit, sich jeden Morgen an den Kraichsee fahren zu lassen, wo er einen Spaziergang mit einer festen Route machte. Bei jedem Spaziergang musste ein Mitarbeiter ihn begleiten. Diese Spaziergänge dienten Karl Fischer dazu, im

Gespräch firmenrelevante Entscheidungen zu treffen, die er allerdings seinem Gesprächspartner nicht immer mitteilte.

Auch ich hatte einmal die Ehre, an einem solchen Spaziergang teilnehmen zu dürfen. Dabei ließ er sich kommentarlos über meine Arbeit, auch über Einzelheiten berichten. Kurz vor dem Ende dieses Spazierganges sagte er zu mir: «Wenn Ihre Freunde, die Kommunisten, hier einmal die Macht übernehmen, werde ich in meinem Garten die Obstbäume schneiden.» Ich antwortete: «Herr Fischer, die Kommunisten sind zwar nicht meine Freunde. Aber wenn sie einmal herrschen sollten, dann werden sie Ihnen vorschreiben, wie Sie Ihre Obstbäume zu schneiden haben.» Darauf blieb er abrupt stehen, sah mich an und sagte: «Das wird niemals sein!» Er konnte sich nicht vorstellen, jemals ein unfreier Mensch zu sein, auch nicht beim Schneiden von Obstbäumen.

Der Kundenkreis der Firma EGO war klein. Es waren alle Herdfabriken in Deutschland, später in Europa. Seine Kunden besuchte er zweimal, selten öfter im Jahr. Das waren Arbeitsessen, zu denen die Geschäftsleitungen der Herdfabriken und die Leiter der Entwicklungsabteilungen eingeladen waren. Dabei wurde die Geschäftspolitik des kommenden Jahres besprochen, vor allem neu einzuführende Geräte und Modelle. Hier herrschte ein absolutes Vertrauensverhältnis und Hingabe an die Bedürfnisse seiner Kunden. Ich habe einmal an einem solchen Kundenbesuch teilnehmen dürfen.

Der Dachboden für die Einrichtung eines Unterrichtsraumes war nun da. Bei Gesprächen mit dem Leiter der Werkzeugmacherei und dem der Betriebsschlosserei über die Situation der Lehrlinge waren beide ganz froh, dass sie diese loswurden. Beide Herren haben mit dafür gesorgt, dass eine Lehrwerkstatt eingerichtet und ein technischer Leiter der Lehrwerkstatt bestimmt wurde, denn damit war ich derjenige, auf den es zurückfiel, wenn etwas schief ging. Und es ging manches schief. So waren die Leiter der Werkzeugmacherei und der Betriebsschlosserei mit dem Leiter der Lehrwerkstatt in der Frage einig, dass die gesamte Arbeitszeit der Lehrlinge für die fachliche Betreuung notwendig sei. Nach längeren Gesprächen erst waren sie bereit, dann Zeit für meine Arbeit mit den Lehrlingen zur Verfügung zu stellen, wenn jeweils in Halbjahresschritten bestimmte Fähigkeiten erworben und nachgewiesen waren. Das bezog sich auf die Maßhaltigkeit aufgrund der technischen Beschreibung der herzustellenden Stücke, also auf korrektes Winkelfeilen und Schlichten. Was so von den Lehrlingen hergestellt wurde, war Abfall und wurde fortgeworfen. Es hat einige Zeit gebraucht, bis ich durchgesetzt hatte, dass die hergestellten Dinge gebrauchsfähige Stücke wie z.B. Hämmer waren. Nach einem Jahr war das Lehrprogramm so weit geändert, dass jeder Lehrling zu Beginn seiner Arbeit einen Hammer feilte, bei dem es allein auf die Winkelhaltigkeit ankam, nicht auf die Größe des Hammers. Beim zweiten zu feilenden Hammer stand die Ebenheit der Flächen im Mittelpunkt und erst beim dritten Hammer waren die Maße vorgegeben. Außerdem konnte jeder nach Abschluss dieser Epoche seine Hammer mit nach Hause nehmen und stolz auf seine Leistung sein.

Inzwischen war der Unterrichtsraum sauber, die Fußböden geölt, die Fenster gestrichen und Tische und Stühle angeschafft. Die erste gemeinsame künstlerische Arbeit war ein großer gebatikter Vorhang, der die fensterlose hässliche Wand verdeckte. Um das Werkzeugmachen vorzubereiten, wurden vor allem Linolschnitte nach eigenen Entwürfen der Lehrlinge hergestellt, schließlich auch Vierfarblinolschnitte, oft mit abstrakten geometrischen Figuren, so dass sich aus vier Linoltafeln ein vierfarbiges Bild ergab. Es ist wirklich so gewesen, dass diese Arbeit in der Firma nicht akzeptiert und abgelehnt wurde, obwohl gern gesehen wurde, wenn Firmenbesuche im Hause diese Dinge lobten und für vorbildlich hielten. Karl Fischer hat sich dazu im Betrieb nicht geäußert und niemanden ermuntert, sich daran zu beteiligen. Er hat die Lehrwerkstatt zumindest in meiner Gegenwart nie besucht.

In der Zwischenzeit hatte ich nach langem Antichambrieren in der Finanzverwaltung ein kleines Budget durchgesetzt, um das Material für die künstlerischen Kurse bezahlen zu können. Im Jahre 1966, es war wohl im Mai oder Juni, wurde ich zur Geschäftsleitung bestellt; der maßgebende Geschäftsführer teilte mir mit, dass die wirtschaftliche Lage der Firma so schlecht sei, dass mein Budget auf die Hälfte gekürzt werden müsse. Herrn Fischer zu sprechen war tagelang nicht möglich, und als ich es durchgesetzt hatte, war er kurz angebunden und abweisend. Auf meine Frage, ob es ihm lieber sei, dieses wirklich geringe Budget ganz zu streichen, bejahte er das. Darauf habe ich ihm gesagt, dass ich gehe, weil die Firma meine Arbeit nicht mittragen wolle. So bin ich gegangen. Dankenswerterweise erhielt ich eine Abfindung, von der ich das nächste halbe Jahr leben konnte.

Inzwischen hatte sich eine freundschaftliche Beziehung zur Familie S. ergeben mit einer wöchentlichen anthroposophischen Arbeit, an der auch ein Tierarzt und seine Frau teilnahmen. Auch dies fand durch meine Kündigung ein Ende.

Aber eine Aufgabe für mich sah ich nicht, nachdem, wie ich schon berichtet habe, Ernst Weißert froh war, mich los zu sein.

Die Gründung des
Carl Gustav Carus-Institutes

In dieser Zeit hat sich eine anthroposophische Arbeit ergeben, die einmal in der Woche in meiner Wohnung stattfand und an der auch der Arzt Dr. Karl Buchleitner teilnahm. Herr Buchleitner erzählte, dass die Ärztegruppe, mit der er zusammenarbeite, sich gerade mit der Mistel (Viscum album) beschäftige und frug mich, ob ich dazu etwas beitragen könne. Ich hatte sonst nichts zu tun, trug die Fakten, die von dieser Pflanze bekannt waren, zusammen und entwickelte ein Bild, das die Phänomene zusammenfasste. Als ich es ihm vortragen wollte, winkte er ab, man hatte sich bereits einem anderen Problem zugewendet. Ich insistierte und er hörte meinem Vortrag schließlich mit wachsender Begeisterung zu. Am Ende schlug er vor, meine Ansichten praktisch zu erproben. In diesem Moment hat das Schicksal hilfreich eingegriffen.

Während einer Autofahrt nach Köln kam Karl Buchleitner an einem Unfall vorbei. Er lud den leichtverletzten Fahrer in seinen Wagen und brachte ihn in ein Krankenhaus. Auf der Rückfahrt besuchte er den betreffenden Herren noch einmal im Krankenhaus. Dieser bedankte sich herzlich bei ihm und bot seine Hilfe für den Fall an, dass das einmal nötig wäre. Als mir Karl Buchleitner das erzählte meinte ich, er solle ihm doch unser Mistel-Problem darstellen. Das machte er tatsächlich und dabei stellte sich heraus, dass unser Mann der wirtschaftliche Berater der Firma Mahle war. Von ihm wurde Herr Mahle gebeten, sich anzuhören, wie eine neue Initiative, ein Krebsheilmittel aus der Mistel herzustellen, aufzugreifen wäre. Mahle war sehr skeptisch und ich hatte eine Schriftprobe wegen eines graphologischen Gutachtens abzuliefern. Das muss wohl zufrieden stellend ausgefallen sein, denn wir erhielten eine Anschubfinanzierung von DM 10.000.

Nun galt es, eine Arbeitsstätte aufzubauen und einen interessierten Menschenkreis zu finden, der mir für eine solche Initiative eine notwendige Voraussetzung zu sein schien. Ich habe sehr dafür geworben, dass Karl Buchleitner sich mit allen anthroposophischen Ärzten in Pforzheim in Verbindung setzt und um Mitarbeit wirbt. Zum Ärztekreis, in dem ich meine Ansicht über die Mistel vorgetragen hatte, gehörte Hans Werner nicht. Aber die Gespräche, die mit ihm geführt wurden, wurden zur Grundlage der gemeinsamen Arbeit, auch stellte er mir das nicht ausgebaute Kellergeschoß seines Praxisbaus in der Hachelallee in Pforzheim zur Verfügung.

Mir war bewusst, dass ein solches Projekt verbindliche Zusagen aller Beteiligten benötigte. Die Interessierten wurden ins Hause von Frau Dr. Jensen-Hillringhaus nach Freiburg eingeladen, um diese Verbindlichkeit zu besiegeln. Diejenigen, die sich die Hand darauf gaben, für das Krebs-Mistel-Problem zusammenarbeiten zu wollen, waren:

- Dr. Karl Buchleitner
- Dr. Gustav Brunk
- Frau Dr. Burger
- Dr. Hans Werner
- Dr. Karl Woernle
- und ich.

Sehr bald hat sich uns Hans Rivoir aus Freundschaft zu Hans Werner angeschlossen.

Unser Kreis bildete eine Konferenz, in deren monatlichen Sitzungen über sehr lange Zeit die Projektergebnisse diskutiert wurden, neue Vorhaben vorgestellt werden konnten, Texte Rudolf Steiners gelesen und außerdem über die Kooperation mit denjenigen abgestimmt wurde, die vor uns das Krebs-Mistel-Problem er-

Abb. 39: Thomas Göbel etwa 1998 in seinem Sammlungsraum

Abb. 40: Im Carus-Institut entstand eine umfangreiche Sammlung von Wirbeltierskeletten

arbeitet hatten. Das waren vor allem dies Hiscia in Arlesheim und die Weleda in Schwäbisch Gmünd.

Unsere eigene Arbeitsstätte haben wir Carl Gustav Carus-Institut getauft, weil Carl Gustav Carus der einzige Arzt war, der sich um ein Verständnis des naturwissenschaftlichen Ansatzes Goethes bemüht hat. Und ein Mediziner sollte der Namensträger sein.

Wir waren damals der Ansicht, dass das Hauptproblem in der richtigen Mischung von zwei Komponenten bestünde, die je aus der Sommer- und der Wintermistel zu gewinnen sind. Dass dies in verschiedener Hinsicht naiv war, haben wir schlicht nicht geahnt. Aus heutiger Sicht lässt sich sagen, dass wir die Arbeit wahrscheinlich gar nicht aufgenommen hätten, wenn uns das Ausmaß der zu lösenden Probleme einigermaßen bewusst gewesen wäre. Denn dazu fehlte alles. Es fehlte alles notwendige biochemische Grundlagenwissen, es fehlte das technische Wissen, es fehlte die notwendige praktische Erfahrung für den Umgang mit so empfindlichen Substanzen, wie es die der Mistel sind. Und es fehlten auch die wirtschaftlichen Mittel.

Zu Beginn der Arbeit hatten wir vor mit der Weleda in Schwäbisch Gmünd zusammenzuarbeiten und die zwei Komponenten der Mistel von der Weleda herstellen zu lassen, um sie dann bei uns zu mischen. Eine dafür geeignete Maschine, die das Mischproblem lösen sollte, galt es aufzubauen. Die Weleda war bereit, uns Mistelsäfte zur Verfügung zu stellen, was aber von der Firma Hiscia verhindert wurde, die androhte, das von ihr produzierte, aus der Mistel gewonnene Iscador in Zukunft selber und nicht mehr durch die Weleda zu vertreiben. Da Iscador eines der umsatzstärksten Produkte ist, konnte sich die Weleda das nicht leisten. Der damalige Vorstand der Anthroposophischen Gesellschaft, Herr Kreutzer, verbat uns brieflich, Hiscia Konkurrenz zu machen. So blieb uns nichts anderes übrig, als das Gesamtproblem mit all seinen Facetten selbständig zu bearbeiten und in allen Fragen, die es zu klären galt, unsere eigenen Erfahrungen zu sammeln. Die heute vom Carus-Institut entwickelte Produktionsweise unterscheidet sich in allen Schritten, einschließlich des Ernteverfahrens, von dem, was Hiscia und Weleda machen. Um einiges – allerdings mehr vordergründig – auszuführen: Die Mistel wird durch Abbauvorgänge vom Erntemoment an verändert. Ihr nativer Zustand ist allein durch Tiefgefrieren unmittelbar während der Ernte zu erhalten. Wird der Saft so gewonnen, dass er freie Oberflächen bilden kann, verändern sich die Eiweißstrukturen irreversibel. Ein Medium zu entwickeln, in dem die verschiedenen Stoffkomponenten, die im Mistelsaft enthalten sind, stabil bleiben, hat einige Jahre Arbeit erfordert. Das im Laufe der Jahre erlangte Wissen und die erworbenen Präparationsfähigkeiten haben zum heutigen Stand von Abnoba Viscum geführt. Meine eigene Aufgabe der Anfangsjahre habe ich darin gesehen, eine Ordnung der Wirtsbäume der Mistel mit einer Ordnung der menschlichen Organe zu korrelieren.

Abb. 41: Gegen Ende seines Lebens fand Thomas Göbel wieder zur Jagd – hier in Grönland auf der Suche nach Moschus-Ochsen.

Nun hat die Aufgabe des Carus-Institutes von allem Anfang an auch darin bestanden, eine Arbeitsweise zu entwickeln, die in der Nachfolge und Fortentwicklung der Arbeitswiese besteht, die von Goethe in seinen naturwissenschaftlichen Schriften begründet worden ist.

Goethe lag es ganz fern, die Natur zu interpretieren oder über sie Arbeitshypothesen zu bilden. Er wollte die Phänomene selbst zum Sprechen bringen, indem er sie so ordnete, dass die darin waltende Gesetzmäßigkeit sich durch die Ordnung ausspricht. Das ist irrtumsfrei immer dann möglich, wenn die Natur den Zusammenhang auch gegenständlich stiftet, wie es im Falle einer Laubblattfolge einer ein- oder zweijährigen Pflanze der Fall ist, die zur Blüte strebt. Als Beispiel sei Rorippa islandica, die isländische Kresse, angeführt. Über Rorippa ist viel gearbeitet worden, und ihre Phänomene sind gut bekannt (z.B. Heyden, Berthold: Die Gestalt der Sumpfkresse (Rorippa islandica) im Wechsel der Jahreszeiten, 1987).

Die Laubblattfolgen der meisten dikotylen Kräuter und Stauden lassen vier Gestaltelemente erkennen, die nacheinander dominieren: das wurzelnächste Laubblatt (oder Primärblatt) hat den relativ längsten Stiel und die geschlossenste Spreite. In der Folge gliedern sich die Laubblätter (Fiederung), und in dem Maße, wie Stiel und Spreitung zurückgehen, nimmt das Spitzen zu. Diese Laubblattmetamorphose entwickelt sich zum arttypischen Laubblatt. Die danach folgenden Gestaltverwandlungen werden nur dann ausgebildet, wenn der Blühimpuls z.B. durch Überschreiten einer bestimmten Tageslänge gesetzt ist (Langtagpflanzen). Das ist bei der Sumpfkresse der Fall. Fehlt der Blühimpuls, weil die Tageslänge nicht ausreicht, wird das arttypische Blatt in der Laubblattfolge auch weiterhin gebildet. Dies ist ein einfaches Beispiel.

Um einen bedeutenden Grad schwieriger sind solche Metamorphosen dann zu beurteilen, wenn die gegenständliche Verbindung, die der Stengel liefert, fehlt. Das ist z.B. der Fall, wenn Laubblattmetamorphosen verschiedener Arten verglichen werden. Handelt es sich dabei ebenfalls um einjährige, zur Blüte strebende Arten, so

*Abb. 42: Ruth Göbel bei einer gemeinsamen Reise
nach Lanzarote Mitte der 80er Jahre*

ist das arttypische Blatt verschieden, aber die Laubblattfolgen zeigen in aller Regel die Metamorphosegesetze: Dominanz von Stiel, Spreite, Gliederung, Spitze nacheinander. In allen anderen Fällen bedarf es einer besonderen Erklärung, die die Verhältnisse beschreibt. So zum Beispiel, wenn es sich um Kurztagspflanzen handelt, wie sie die aus Madagaskar eingeführten Arten der Gattung Kalanchoe zeigen. Aber auch der Verwandtschaftszusammenhang von Schmetterlingen zeigt sich, wenn die Zeichnungen und Färbungen ihrer Flügel in Reihen geordnet sind. (Die weiteren Aus-

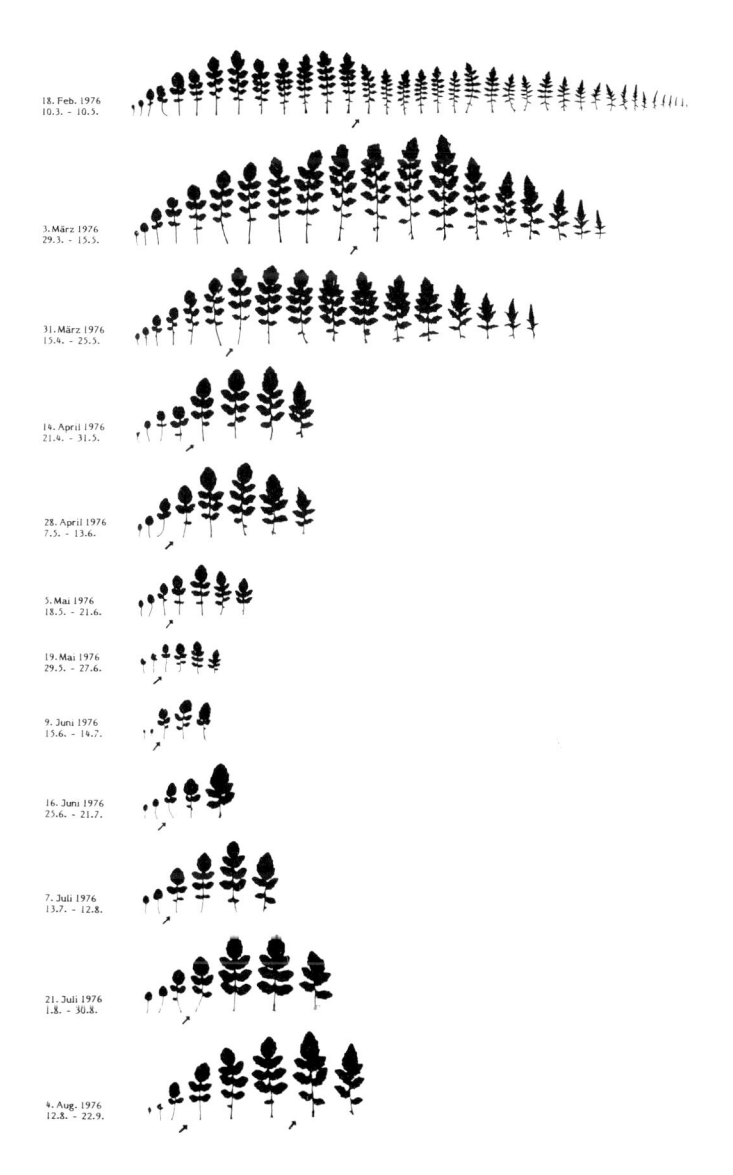

Abb. 43: Die Laubblattfolge und die Entwicklungsschritte der einzelnen Laubblätter von Rorippa islandica, der isländischen Kresse.

Abb. 44: Bei der Feier zum 70. Geburtstag von Ruth Göbel 1997

führungen zum goetheanistischen Arbeitsimpuls konnten nicht mehr realisiert werden, können aber z.B. im Aufsatz von Thomas Göbel: Die goetheanistisch-naturwissenschaftliche Arbeitsweise, in: Tycho de Brahe-Jahrbuch 1998, S. 12 – 36, Niefern-Öschelbronn, nachgelesen werden).

Über 28 Jahre lang trafen sich dem Carus-Institut verbundene Mitarbeiter und vor allem Ärzte, die sich mit dem Krebs-Mistel-Problem beschäftigten, einmal monatlich übers Wochenende. Wir haben diesen Menschenkreis «Initiativkreis» genannt. Unsere Selbstorganisation kann man republikanisch nennen: Wir haben Entscheidungen immer erst dann getroffen, wenn Zustimmung von allen erreicht war. Sicher war das oft ein langwieriger Prozess, der obendrein Toleranz und Treue gegenüber unseren Zielen vo-

*Abb. 45: Die Familie beim 70. Geburtstag von Thomas Göbel.
Von links: Ruth Göbel, Hanne Weishaupt, Thomas Göbel,
Magdalena Weishaupt, Nana Göbel, Felix Weishaupt*

raussetzte. Diese Zeiten sind vorbei. Ich habe erkennen müssen, dass es Auf- und Abstiege gibt. Heute bestimmen Machtverhältnisse das Instiut, bei denen es darum geht Interessen durchzusetzen. Von den alten Mitarbeitern, die den Aufschwung einmal mitgetragen haben, sind Armin Scheffler und Rolf Dorka den alten Zielen treu geblieben. Armin Scheffler, ein begnadeter Experimentator, betreut neben seiner Institutsarbeit die «Birken GmbH». Rolf Dorka hat ein Verfahren entwickelt, mit dem die Rhythmen der Mistelbewegungen dokumentiert werden können – er diskutiert seine Ergebnisse regelmäßig mit den Mitgliedern der Chronobiologischen Arbeitsgemeinschaft, zu der sich eine Reihe von Universitätsprofessoren zählen, die Schüler von Professor Hildebrand waren. Auch ich bin schicksalhaft mit Professor Hildebrand ver-

*Abb. 46: Während eines vierwöchigen Einführungskurses in
Anthroposophie und Goetheanismus an der Universität
von São Paulo im Juli 2003*

bunden. Wir haben uns in Frankfurt getroffen, um unter anderem auch chronobiologische Probleme zu besprechen. Er verabschiedete sich, um nach Marburg zu fahren. Auf dieser Bahnfahrt starb er. So war ich der Letzte, der ihn lebend getroffen hat.

> *Heute, am Ende meines Lebens, blicke ich hoffnungsvoll in die Zukunft der goetheanistischen Arbeit. Sie wird neue Ziele finden, und es wird Menschen geben, die sie wollen und ihre Kraft dafür einsetzen.*

Verzeichnis der Bücher und Zeitschriftenbeiträge von Thomas Göbel

I. Bücher

1976: Erde, die die Seele trägt. Die Mythologie der australischen Völker. Stuttgart

1976: Feuer-Erde. Von Australiens Vögeln, Blumenheiden und Feuerwäldern. Stuttgart

1982: Die Quellen der Kunst. Lebendige Sinne und Phantasie als Schlüssel zur Architektur. Dornach

1988: Die Pflanzenidee als Organon, angewandt auf die Rosenverwandten Europas. Niefern-Öschelbronn

1990: Vie sensorielle et imagination, Sources de l'Art, Éditions Anthroposophiques Romandes. Genève/Suisse

1994: Erdengeist und Landschaftsseele. Gestaltwirkungen geistiger Wesen im Pflanzenreich und in der Mistel. (Das Buch ist als Band 6 der Reihe «Persephone». Arbeitsberichte der Medizinischen Sektion am Goetheanum, Verlag am Goetheanum, erschienen.) Dornach

1997: Mythos und Kunst. Archaisches Griechenland, Klassische Moderne und der Kunstimpuls Rudolf Steiners. Dornach

1998: Natur und Kunst, Goetheanistische Arbeitsmotive. Stuttgart

1999: Eurythmie – als erlebte, gestaltete und wirksame Gebärde. Dornach

2000: Chiffren des 20. Jahrhunderts – Im Angesicht des Bösen. Thomas Göbel, Heinz Zimmermann (Hrsg.). Stuttgart

2001: La configurazione dello spazio nel mondo degli alberi e nell'uomo. Milano

2004: Nuytsia floribunda und Viscum album – Heilpflanzen für Psychose und Krebs, Verlag Freies Geistesleben, Stuttgart

II. Beiträge in Büchern

1982: 1. Über einige Gesetzmäßigkeiten in der Pflanzenbildung, zum Verständnis des Keimblattes, in: W. Schad (Hrsg.): Goetheanistische Naturwissenschaft, Bd. 2: Botanik, S. 44 – 54. Stuttgart
2. Die Metamorphose der Blüte, in: W. Schad (Hrsg.): Goetheanistische Naturwissenschaft, Bd. 2: Botanik, S. 82 – 96. Stuttgart
3. Über die Integration der Mistel in der Baumgestalt der Kiefer, in: W. Schad (Hrsg.): Goetheanistische Naturwissenschaft, Bd. 2: Botanik,, S. 177 – 190. Stuttgart

1983: Tintenfisch, Schnecke und Muschel, Naturbilder menschlicher Gestaltungskräfte, in: W. Schad (Hrsg.): Goetheanistische Naturwissenschaft, Bd. 3: Zoologie, S. 50 – 72. Stuttgart

1996: Zur Raum- und zur Zeitgestalt der Weißbeerigen Mistel, Viscum album L. Eine goetheanische Betrachtung, in: R. Scheer, H. Becker und P.A. Berg (Hrsg.): Grundlagen der Misteltherapie, S. 3 – 27. Stuttgart

1998: Zur Geschichte meines Lebens, in: R. Dorka, R. Gehlig, W. Schad, A. Scheffler (Hrsg.): Zum Erstaunen bin ich da – Forschungswege in Goetheanismus und Anthroposophie, S. 17 – 21. Dornach

1999: Ist die prospektive Potenz der Landschaft sachgemäß erfaßbar? Oder: Von der Würde der Landschaft, in: T. Arncken, D. Rapp, H. Ch. Zehnter (Hrsg.): Eine Rose für Jochen Bockemühl, S. 71 – 74. Dürnau

III. Artikel in Periodika
III.1 Buchbesprechungen

1971: Erscheinung in Zusammenhang des Lebens. Buchbesprechung: W. Schad, Säugetiere und Mensch, in: Die Drei, Heft 7/8, S. 396 – 397. Stuttgart

1973: Organismus Ostafrika. Buchbesprechung: A. Suchantke, Sonnensavannen und Nebelwälder, in: Die Drei, Heft 4, S. 190 – 191. Stuttgart

Planet und Pflanzen. Buchbesprechung: A. FYFE, Die Signatur Merkurs im Pflanzenreich, in: Die Drei, Heft 6, S. 306 – 307. Stuttgart

1982: Landschaftskunde: Südamerika. Buchbesprechung: A. SUCHANTKE, Der Kontinent der Kolibris, in: Die Drei, Heft 2, S. 124. Stuttgart

1983: Das Phänomen Gaudi. Buchbesprechung: IQUASI DE SOLÁ-MORALES: Gaudi, in: Die Drei, Heft 10, S. 718 – 719. Stuttgart

1984: Blütenknospen. Verborgene Entwicklungsprozesse im Jahreslauf. Buchbesprechung: OTTILIE ZELLER, in: Das Goetheanum, Wochenschrift für Anthroposophie, 63. Jg., Nr. 18, S. 140 – 142. Dornach

III. 2 Artikel

1967: Erkenntniskraft aus dem Leben mit den Pflanzen. Gerbert Grohmann zum 10. Todestag, in: Mitteilungen aus der Anthroposophischen Arbeit in Deutschland, Nr. 80, S. 115 – 119. Stuttgart

1968: Wurzel und Sproß in der Pflanzengestalt, in: Die Drei, Heft 1, S. 4 – 22. Stuttgart
Die Metamorphose des Fruchtblattes, in: Die Drei, Heft 5, S. 289 – 311. Stuttgart
Das Fruchtblatt in der Pflanzenmetamorphose, in: Elemente der Naturwissenschaft, Nr. 8, S. 44 – 54. Dornach
Laubblatt und Keimblatt in der Pflanzenmetamorphose, in: Elemente der Naturwissenschaft, Nr. 9, S. 27 – 49. Dornach
GUSTAV BRUNK, KARL BUCHLEITNER, THOMAS GÖBEL, HANS WERNER, KARL WOERNLE: Eine neue Initiative zur anthroposophischen Krebsforschung, in: Das Goetheanum, Wochenschrift für Anthroposophie, 45. Jg., Nr. 33, S. 143 – 145. Dornach

1969: Die Ebereschen und der Speierling, in: Die Drei, Heft 2, S. 97 – 116. Stuttgart
Beitrag zum Begriff der Qualität, in: Elemente der Naturwissenschaft, Nr. 11, S. 29 – 37. Dornach

1970: Laubblattmetamorphose und Mistel, in: Die Drei, Heft 1, S. 33 – 39. Stuttgart

Mistel und Krebs. Ein Zusammenhang zwischen Diagnose und Therapie, in: Die Drei, Heft 4, S. 180 und S. 185 – 189. Stuttgart

Das Laubblatt der Weißbeerigen Mistel, in: Elemente der Naturwissenschaft, Nr. 12, S. 15–30. Dornach

Über die Integration der Mistel in die Baumgestalt der Kiefer, in: Elemente der Naturwissenschaft, Nr. 13, S. 25 – 44. Dornach

1971: Die Metamorphose der Blüte, in: Die Drei, Heft 3, S. 126 – 138. Stuttgart

Über den Stand der Arbeit der Gesellschaft zur Förderung der Krebstherapie e.V., in: Beiträge zu einer Erweiterung der Heilkunst, 24. Jg., Heft 6, S. 212 – 222. Stuttgart

Forschung und Wirtschaft: Menschheitshelfer oder apokalyptisches Gespann, in: Die Drei, Heft 11, S. 521 – 524. Stuttgart

THOMAS GÖBEL, REINHARD KOEHLER, WOLFGANG SCHAD: Mistelpräparate in ihrer Wirkung auf Grasfroschlarven, in: Elemente der Naturwissenschaft, Nr. 14, S. 1 – 18. Dornach

1972: Delphi, Inspirationsstätte sozialer Kunst im Alten Griechenland, in: Erziehungskunst, Nr. 7/8, S. 290 – 301. Stuttgart

Die Lebensprozesse der Pflanze, I. Der Reproduktionsprozeß, in: Beiträge zu einer Erweiterung der Heilkunst, 25. Jg., Heft 5, S. 145 – 155, und Heft 6, S. 193 – 204. Stuttgart

Die Tragödie von München, in: Die Drei, Heft 10, S. 450 – 453. Stuttgart

1973: Die Dreigliederung des sozialen Organismus, in: Die Drei, Heft 1, S. 11 – 19. Stuttgart

Arzneimittelgesetz – Absichten und Folgen, in: Die Drei, Heft 3, S. 108 – 113. Stuttgart

Epidauros – Kultstätte imaginativer Heilkunst im Alten Griechenland, in: Erziehungskunst, Nr. 7/8, S. 341 – 357. Stuttgart

Naturbilder menschlicher Gestaltungskräfte, Tintenfisch, Schnecke und Muschel, in: Die Drei, Heft 10, S. 476 – 482 und Heft 11, S. 539 – 552. Stuttgart

1974: Die Lebensprozesse der Pflanze, II. Der Wachstumsprozeß, 1. Teil in: Beiträge zu einer Erweiterung der Heilkunst, 27. Jg., Heft 1, S. 10 – 15, 2. Teil in Heft 2, S. 50 – 62 und 3. Teil in Heft 5, S. 176 – 187. Stuttgart

Olympia und die Entwicklung des Ichbewußtseins, in: Erziehungskunst, Nr. 7/8, S. 344 – 363. Stuttgart

Homöopathisieren als Tätigkeit des pflanzlichen Ätherleibes, Tagung 1974, in: Weleda-Schriftenreihe, Nr. 8, S. 9 – 14. Schwäb. Gmünd

Thomas Göbel, Reinhard Koehler, Werner Kopp, Hans Broder von Laue: Über den Stand der Arbeit der Gesellschaft zur Förderung der Krebstherapie e. V. und des Carl Gustav Carus-Institutes in Pforzheim, in: Mitteilungen des Carl Gustav Carus-Institutes, Nr. 24

Arzneimittelgesetz – Absichten und Folgen, in: Internistische Praxis, Jg. 14, Heft 4, S. 775 – 779. München

1975: Erde, die die Seele trägt. Das Schicksal der Eingeborenen Australiens, in: Die Drei, Heft 1, S. 18 – 22 und S. 31 – 35. Stuttgart

Die Lebensprozesse der Pflanze, II. Der Wachstumsprozeß, 4. Teil in: Beiträge zu einer Erweiterung der Heilkunst, 28. Jg., Heft 2, S. 62 – 73 und 5. Teil in Heft 5, S. 176 – 187. Stuttgart

Der Baum, der eine Mistel ist. In den Wäldern Westaustraliens, in: Die Drei, Heft 6, S. 303 – 316. Stuttgart

Some Field Observations on Nuytsia floribunda (Lamill.) R.Br., in: The Western Australian Naturalist, Vol. 13, Nr. 2/3, S. 50 – 59. Perth

Thomas Göbel, Hans Broder von Laue: Arzneimittelentwicklung in der anthroposophischen Medizin, Einsicht in die Verwandtschaft von Mensch und Natur: Grundlage der Heilkunst, in: Die Drei, Heft 3, S. 127 – 134. Stuttgart

1976: In den Feuerwäldern Australiens. Ein ökologisches System besonderer Art, in: Die Drei, Heft 10, S. 542 – 549. Stuttgart

Von der Arbeitsweise anthroposophisch orientierter Pharmazie und ihrer Stellung im Ganzen der Medizin, Tagung 1975, in: Der Homöopathisierungsbegriff bei Rudolf Steiner, S. 23 – 35. Stuttgart

Die Metamorphose des Kapitells. Von St. Foy in Conques durch die Zeiten, in: Die Drei, Heft 12, S. 678 – 690. Stuttgart

Erde, die die Seele trägt. Von australischen Mythen, in: Erziehungskunst, Heft 4, S. 171 – 173. Stuttgart

1977: Versuch den ästhetischen Menschen zu entdecken, in: Die Drei, Heft 11, S. 635 – 645. Stuttgart
Der Homöopathisierungsbegriff im 11. Vortrag des Zyklus Geisteswissenschaft und Medizin, Tagung 1976, in: Der Homöopathisierungsbegriff bei Rudolf Steiner, S. 65 – 73. Stuttgart

1978: Mistel und Krebs, in: Die Drei, Heft 1, S. 18 – 24. Stuttgart
Der Homöopathisierungsbegriff Rudolf Steiners im 12. Vortrag von Geisteswissenschaft und Medizin, Tagung 1977, in: Der Homöopathisierungsbegriff bei Rudolf Steiner, S. 76 – 89. Stuttgart
Viscum minimum HARVEY in der Sukkulenten Sammlung der Stadt Zürich, in: Kakteen und andere Sukkulenten, Heft 1, S. 6 – 7. Titisee-Neustadt

1979: Zweierlei Umgang mit Kunst – Eindrücke aus Ägypten, in: Die Drei, Heft 7/8, S. 461 – 465. Stuttgart
Der Heilmittelbegriff Rudolf Steiners im 1. Vortrag des Zyklus Geisteswissenschaftliche Gesichtspunkte zur Therapie, Tagung 1978, in: Der Heilmittelbegriff bei Rudolf Steiner, S. 78 – 86. Stuttgart

1980: Heilpflanze und Metamorphose-Idee, Tagung 1979, in: Der Heilmittelbegriff bei Rudolf Steiner, S. 77 – 90. Stuttgart

1981: Über den Nerven-Sinnes-Prozess, Tagung 1980, in: Der Heilmittelbegriff bei Rudolf Steiner, S. 96 – 111. Stuttgart
«Diesem Geschöpfe leidenschaftlich zugetan», Goethe und die Keimzumpe Bryophyllum calycinum, in: Die Drei, Heft 2, S. 99 – 112. Stuttgart
Metamorphosen im Mineral- und Pflanzenreich, Gestaltwandlung im Mineralreich, in: Die Drei, Heft 7/8, S. 564 – 575. Stuttgart
Homeopatisering som verksamhet hos växtens eterkropp. Nordisk tidskrift för Antroposofisk Medicin, Nr. 2/3, 2/80 – 1/81. S. 30 – 39. Stockholm

1982: Die Bildung von Raum in der Baumwelt und im Menschen, Tagung 1981, in: Der Heilmittelbegriff bei Rudolf Steiner, S. 50 – 90. Stuttgart
Erfahrung mit Idee durchtränken, Goethes naturwissenschaftliche Arbeitsmethode, in: Die Drei, Heft 2, S. 69 – 79. Stuttgart

Zum entwicklungsgeschichtlichen Zusammenhang von Pflanze, Tier und Mensch, in: Mitteilungen aus der Anthroposophischen Arbeit in Deutschland, Jg. 36, Heft 2, S. 95 – 105. Stuttgart

Die biologische Wirkung des Wassers, in: Die Drei, Heft 7/8, S. 485 – 505. Stuttgart

Ästhetische Weltverwandlung – Sinnesprozess und Phantasie, in: Die Drei, Heft 9, S. 603 – 613. Stuttgart

Goetheanismus und anthroposophischer Schulungsweg I, in: Das Goetheanum, Wochenschrift für Anthroposophie, 61. Jg., Nr. 41, S. 322 – 324, und II in: Nr. 42, S. 329 – 332. Dornach

Die Metamorphose der Pflanze, in: Weleda Nachrichten, Nr. 146, S. 3 – 7. Schwäb. Gmünd

1983: Von Sperlingen, Webervögeln und Witwen, in: Die Drei, Heft 7/8, S. 520 – 539, Stuttgart

Das Herz als Stauorgan, Tagung 1982, in: Ideen zum Herz-Kreislauf-System, S. 85 – 109. Stuttgart

1984: Die Verwandtschaft biologischer und sprachlich-eurythmischer Bildekräfte:

I. Die Sprachorganisation als Abbild der menschlichen Gesamtorganisation, in: Das Goetheanum, Wochenschrift für Anthroposopie, 63. Jg., Nr. 3, S. 17 – 18. Dornach

II. Die Laute als Ausdruck der Vorgänge in der Sprachorganisation, in: Das Goetheanum, Wochenschrift für Anthroposophie, 63. Jg., Nr. 4, S. 25 – 27. Dornach

III. Eiche und Birke, Stoßlaute und Blaselaute, in: Das Goetheanum, Wochenschrift für Anthroposophie, 63. Jg., Nr. 5, S. 33 – 35. Dornach

Zu Detlef Hardorps Aufsatz «Denksinn und Denken», in: Das Goetheanum, Wochenschrift für Anthroposophie, 63. Jg., Nr. 35 – 36, S. 273 – 275. Dornach

Raumbildung in Pflanze und Mensch, Versuch zu einem Text Rudolf Steiners (1912), in: Tycho de Brahe-Jahrbuch für Goetheanismus 1984, S. 58 – 90. Stuttgart

Zum Bau des menschlichen Schädels, in: Tycho de Brahe-Jahrbuch für Goetheanismus 1984, S. 200 – 254. Stuttgart

THOMAS GÖBEL, MATTHIAS WOERNLE: Die Bildekräfte der

menschlichen Embryonalentwicklung, in: Tycho de Brahe-Jahrbuch für Goetheanismus 1984, S. 255 – 278. Stuttgart

1985: Zum Herzheilmittel Cardiodoron: Metamorphoseprinzipien im Pflanzenreich und die Primelgewächse, in: Tycho de Brahe-Jahrbuch für Goetheanismus 1985, S. 106 – 163. Stuttgart

1986: Die Metamorphoseprinzipien in der Entwicklung der Einzelpflanze, in: Beiträge zu einer Erweiterung der Heilkunst, 38. Jg., Heft 6, S. 253 – 256. Stuttgart

Naturkundlicher Unterricht, in: Academie voor Eurythmie, S. 34 – 39. Den Haag

Die Geburt des Idealismus aus dem Scheitern, in: Tycho de Brahe-Jahrbuch für Goetheanismus 1986, S. 41 – 54. Niefern-Öschelbronn

THOMAS GÖBEL, ROLF DORKA: Zur Morphologie und zur Zeitgestalt der Weißbeerigen Mistel (Viscum album L.), in: Tycho de Brahe-Jahrbuch für Goetheanismus 1986, S. 167 – 192. Niefern-Öschelbronn

THOMAS GÖBEL, MATTHIAS WOERNLE: Forcas formativas do desenvolvimento embrionário do homem, in: Ampliacao da arte médica, ANO VI, No. 2/3, S. 9 – 33. Sao Paulo

1987: Die Mistel will nicht, was die gradlinig sich entwickelnden Organisationskräfte wollen, in: Das Goetheanum, Was in der Anthroposophischen Gesellschaft vorgeht, 64. Jg., Nr. 11, S. 41 – 42. Dornach

Zeitgesten in den Abwandlungen der Blattmetamorphosen bei ein- und mehrjährigen Blütenpflanzen, in: Tycho de Brahe-Jahrbuch für Goetheanismus 1987, S. 25 – 120. Niefern-Öschelbronn

1988: T. GÖBEL, R. KOEHLER, A. SCHEFFLER: Über den Umgang mit Angaben Rudolf Steiners, dargestellt am Problem der Mistelpharmazeutik, in: Der Merkurstab, Beiträge zu einer Erweiterung der Heilkunst, 41. Jg., Heft 2, S. 113 – 135. Stuttgart

Metamorphose – Wandlungskraft des Geistes, Zusammenfassung eines Vortrages im Rahmen der Arbeitstage der Naturwissenschaftlichen Sektion am Goetheanum vom 19.11.1987, referiert von Georg Maier, in: Elemente der Naturwissenschaft, Heft 1/88, Nr. 48, S. 55 – 61. Dornach

Die Bildekraft des Blattes, in: Elemente der Naturwissenschaft, Heft 2/88, Nr. 49, S. 14 – 30. Dornach

Metamorphose – Wandlungskraft des Geistes, in: Tycho de Brahe-Jahrbuch für Goetheanismus 1988, S. 7 – 35. Niefern-Öschelbronn

21 Jahre Carl Gustav Carus-Institut, in: Tycho de Brahe-Jahrbuch für Goetheanismus 1988, S. 36 – 39. Niefern-Öschelbronn

1989: Carl Gustav Carus, in: Tycho de Brahe-Jahrbuch für Goetheanismus 1989, S. 7 – 14. Niefern-Öschelbronn

Welches Denken fordert die Biologie heute?, in: Tycho de Brahe-Jahrbuch für Goetheanismus 1989, S. 16 – 38. Niefern-Öschelbronn

Eurythmisches Kunstgefühl im Antiken Griechenland, in: Tycho de Brahe-Jahrbuch für Goetheanismus 1989, S. 229 – 243. Niefern-Öschelbronn

1990: Ein peltates Blatt an *Sparmannia africana* L. f., in: Tycho de Brahe-Jahrbuch für Goetheanismus 1990, S. 68 – 84. Niefern-Öschelbronn

Zur Menschenkunde der Eurythmie und der anderen Künste, in: Tycho de Brahe-Jahrbuch für Goetheanismus 1990, S. 284 – 312. Niefern-Öschelbronn

La métamorphose, force spirituelle de transformation. Cahiers de médecine anthroposophique en France, S. 29 – 57. Dornach

THOMAS GÖBEL, REINHARD KOEHLER, ARMIN SCHEFFLER: A Idéia da Formacao do Viscum Album e o Conceqüente Processo Farmaceutico, in: Ampliacao da arte médica, ANO X, No. 2, S. 28 – 55. Sao Paulo

A formacao do Espaco na Planta e no Homem, in: Ampliacao da arte médica, ANO X, No. 4, S. 40 – 65. Sao Paulo

1991: Zur Morphologie und zu Bildungsabweichungen einiger carnivorer Blütenpflanzen, in: Tycho de Brahe-Jahrbuch für Goetheanismus 1991, S. 122 – 156. Niefern-Öschelbronn

Die Klassische Moderne und der Kunstimpuls Rudolf Steiners, in: Tycho de Brahe-Jahrbuch für Goetheanismus 1991, S. 452 – 471. Niefern-Öschelbronn

A Terra Como Organismo, Escola Rudolf Steiner de Sao Paulo

1992: Rätsel, die sich wechselseitig lösen. Von Pflanzen, Tieren und Menschen in den Gegensätzen von Australien und Südamerika, in: Tycho de Brahe-Jahrbuch für Goetheanismus 1992, S. 50 – 93. Niefern-Öschelbronn
Mensch und Landschaft im westlichen Australien und östlichen Südamerika. Eine physiognomische Betrachtung ihrer Polarität, in: Die Drei, Heft 5, S. 361 – 375. Stuttgart
«Das Geheimnis im Kornfeld ist gelüftet». Von den Gefahren auf dem Weg zu einer Wissenschaft vom Lebendigen, in: Die Drei, Heft 11, S. 916 – 927. Stuttgart

1993: Pflanzenmetamorphose und Dreigliederung – Zur Morphologie und zur Ordnung tiersubstanzverdauender Pflanzen, in: Tycho de Brahe-Jahrbuch für Goetheanismus 1993, S. 151 – 225. Niefern-Öschelbronn
Zur Menschenkunde der Eurythmie, in: Tycho de Brahe-Jahrbuch für Goetheanismus 1993, S. 306 – 323. Niefern-Öschelbronn
Keramische Plastik – Licht-Plastik. Die Entdeckungsreise des Künstlers Philippe Lambercy, in: Die Drei, Heft Nr. 11, S. 882 – 897. Stuttgart

1994: Ist die Ich-Organisation des Menschen die Ursache seiner Krankheiten, in: Tycho de Brahe Jahrbuch für Goetheanismus 1994, S. 152 – 176. Niefern-Öschelbronn
Zur heileurythmischen Behandlung der Krebserkrankung, in: Tycho de Brahe-Jahrbuch für Goetheanismus 1994, S. 245 – 266. Niefern-Öschelbronn
Ernst Haeckel: Eine Dankrede an sein Schicksal, in: Die Drei, Heft 11, S. 925 – 936. Stuttgart
Formation spatiale dans les plantes et dans l'homme, in: Editions Tycho-Brahé, Yverdon
Formation de l'espace chez les arbres et chez l'homme, in: Editions Tycho-Brahé, Yverdon

1995: Die Brunnenkresse als Heilpflanze – ein Versuch der Heilmittelfindung, in: Tycho de Brahe-Jahrbuch für Goetheanismus 1995, S. 255 – 267. Niefern-Öschelbronn
«Granit – Urgrund und Metamorphose», in: Die Drei, Heft 5, S. 389 – 392. Stuttgart

Auf der Seidenstraße. Eine Begegnung in Dunhuang, in: Die Drei, Heft 7/8, S. 568 – 586. Stuttgart

Erleuchtung und Auferstehung. Östlicher und westlicher Weg zum Geist, in: Die Drei, Heft 12, S. 990 – 1001. Stuttgart

A propos de la constitution du crane humain, in: Editions Tycho-Brahé, Yverdon

1995/96: Die Menschheit an der Schwelle. Oder das Erwachen für die Lage der Gesellschaft in der Gegenwart, in: Das Goetheanum, Was in der Anthroposophischen Gesellschaft vorgeht, Nr. 24, S. 138. Dornach

1996: Vom Christentum in Minas Gerais und in Ravenna, in: Die Drei, Heft 7/8, S. 686 – 698. Stuttgart

Die Bildekräfte einer Gesellschaft. Ergänzung zum Beitrag «Gestaltfiguren des Rechts» von Benediktus Hardorp, in: Die Drei, Heft 2, S. 147 – 149. Stuttgart

Gesellschaft und Persönlichkeit, in: Mitteilungen aus der anthroposophischen Arbeit in Deutschland, 50. Jg., Heft II, Nr. 196, S. 129 – 135. Stuttgart

Gesellschaft und Persönlichkeit, in: Mitteilungen aus der anthroposophischen Arbeit in Deutschland, 50. Jg., Heft III, Nr. 197, S. 297. Stuttgart

Ein Blick auf die Wende des Jahrtausends, in: Mitteilungen aus der anthroposophischen Arbeit in Deutschland, 50. Jg., Heft IV, Nr. 198, S. 329 – 331. Stuttgart

THOMAS GÖBEL, MATTHIAS WOERNLE: Les forces formatrices du développement embryonnaire humain, in: Editions Tycho Brahé, S. 13 – 44. Yverdon

Concernant l'aspect anthropologique de l'eurythmie, in: Editions Tycho Brahé, S. 45 – 68. Yverdon

An Unconventional Meeting, in: What is happening in the Anthroposophical Society – News from the Goetheanum, Jg. 18, Nr. 6. Dornach

1997: Wo und wie die Mineralien gewonnen werden. Der Bergbau in Minas Gerais und die Strukturen seiner Unternehmen, in: Die Drei, Heft 4, S. 345 – 349. Stuttgart

Feuer, Vögel, Ich-Impulse. Erstaunliche Zusammenhänge von Kultur und Natur. Eckehard Waldow sprach mit Thomas Göbel, in: Vorhang Auf, Zeitschrift für Kinder und Eltern, Heft 31, S. 3 – 10. Betzigau

Zur Mythologie der Aborigines Australiens, in: Vorhang Auf, Zeitschrift für Kinder und Eltern, Heft 32, S. 6 – 8. Betzigau

Kunst und Christentum heute. Gibt es einen künstlerischen christlichen Prozeß?, in: Die Drei, Heft 6, S. 583 – 594. Stuttgart

THOMAS GÖBEL, HEINZ ZIMMERMANN: Unkonventionelle Begegnung, in: Mitteilungen aus der anthroposophischen Arbeit in Deutschland, 51. Jg., Heft I, Nr. 199, S. 69. Stuttgart

Anfrage zum Thema Reinkarnation und Karma, in: Mitteilungen aus der anthroposophischen Arbeit in Deutschland, 51. Jg., Heft II, Nr. 200, S. 121 – 122. Stuttgart

Über die Mesembryanthemaceenfrüchte als Strömungsapparate, in: Tycho de Brahe-Jahrbuch für Goetheanismus 1997, S. 96 – 142. Niefern-Öschelbronn

Meine Begegnungen mit Gerbert Grohmann, in: Tycho de Brahe-Jahrbuch 1997, S. 34 – 35. Niefern-Öschelbronn

1998: Die goetheanistisch-naturwissenschaftliche Arbeitsweise, in: Tycho de Brahe-Jahrbuch 1998, S. 12 – 36. Niefern-Öschelbronn

Zwei Waldreben, das Buschwindröschen, die Kuhschelle und die Evolution der Blütenpflanzen, in: Tycho de Brahe-Jahrbuch für Goetheanismus 1998, S. 193 – 238. Niefern-Öschelbronn

Zur Lage der Eurythmie in unserer Zeit, in: Das Goetheanum, Wochenschrift für Anthroposophie, 77. Jg., Nr. 31, S. 463 – 465. Dornach

Bewegung und Farbe, in: Das Goetheanum, Wochenschrift für Anthroposophie, 77. Jg., Nr. 38, S. 551. Dornach

Schönheit der Natur, Schönheit in der Kunst und eurythmische Schönheit, in: Rundbrief der Sektion für redende und musizierende Künste, S. 44 – 55. Dornach

Das Denken in Entwicklung. Zu Wolfgang Schads dreiteiligem Aufsatz in den Heften 3, 5 und 6/96, in: Die Drei, Heft 4, S. 105 – 111. Stuttgart

Glühend im Eifer für die religiösen Wahrheiten. Die Dominikaner im 13./14. Jh., dargestellt am Beispiel des Inquisitors Bernard Guidonis, in: Die Drei, Heft 7/8, S. 60 – 71. Stuttgart

Einseitiges Dominikanerbild?, in: Die Drei, Heft 11, S. 98 – 100.
Die Vorbereiter des Christentums. Fresken im Batschkowo-Kloster in Bulgarien, in: Die Drei, Heft 12, S. 65 – 80. Stuttgart
Die menschenkundlichen Grundlagen der Heileurythmie am Beispiel des Lautes «F», in: Bericht über die Krebstagung vom 13. bis 15. September 1998, S. 89 – 98. Arlesheim

1999: Kunst oder Dämonie? – Was die Eurythmie offenbaren kann, in: Das Goetheanum, Wochenschrift für Anthroposophie, 78. Jg., Nr. 1/2, S. 12 – 13. Dornach
Von den gefühlten Erfahrungen im Umgang mit den eurythmischen Wesen, in: Das Goetheanum, Wochenschrift für Anthroposophie, 78. Jg., Nr. 16, S. 284 – 286. Dornach
Alma Brasileira, I. Die Seele Brasiliens – erzählt, in: Das Goetheanum, Wochenschrift für Anthroposophie, 78. Jg. , Nr. 27, S. 494 – 497. Dornach
Alma Brasileira, II. Die Seele Brasiliens – eurythmisch, in: Das Goetheanum, Wochenschrift für Anthroposophie, 78. Jg., Nr. 28, S. 518 – 520. Dornach
Hans Geissberger, in: Das Goetheanum, Was in der Anthroposophischen Gesellschaft vorgeht, Heft Nr. 26, S. 182. Dornach
Die Eurythmie und die Mysterien von Ephesus, in: Das Goetheanum, Was in der Anthroposophischen Gesellschaft vorgeht, Nr. 28, S. 197 – 199. Dornach
Die anthroposophisch-eurythmischen Grundlagen der Blaselautreihe, in: Rundbrief der Sektion für redende und musizierende Künste, S. 49 – 55. Dornach
Racines et pousses dans la configuration du végétal – la Metamorphose de la fleur, in: Editions Thycho-Brahé, Yverdon
Synästetische Landschaftskunde, in: Tycho de Brahe-Jahrbuch für Goetheanismus 1999, S. 35 – 85. Niefern-Öschelbronn
Einführung in die Reihe «Angesichts des Bösen im 20. Jahrhundert», in: Das Goetheanum, Wochenschrift für Anthroposophie, 78. Jg., Nr. 39, S. 697 und 699. Dornach
Von den Dimensionen des Bösen – Ein Versuch, das Phänomen «Hitler» zu verstehen (I), in: Das Goetheanum, Wochenschrift für Anthroposophie, 78. Jg., Nr. 45, S. 821 – 826, Teil II in Nr. 46, S. 850 – 853. Dornach

Der gesunde Mensch als ein ganzer, die Eurythmie als erlebte, gestaltete und wirksame Gebärde, in: Bericht über die Krebstagung der Medizinischen Sektion am Goetheanum 19. bis 21. September 1999, S. 21 – 40. Dornach

2000: Die drei Arten des Bösen und die Würde des Menschen – Ein Ausblick auf das kommende Jahrhundert, Teil I. Der Mensch im Seelen-Zwiespalt des Bösen, in: Das Goetheanum, Wochenschrift für Anthroposophie, 79. Jg., Nr. 8, S. 145 und 147 – 149. Teil II. Der Mensch vor dem Ich-Abgrund des Bösen, Nr. 9, S. 179 – 181. Dornach

Leidet die Eurythmie unter der Knechtschaft von Ideen, und ist sie hässlich?, in: Das Goetheanum, Wochenschrift für Anthroposophie, 79. Jg., Nr. 14, S. 304 – 306. Dornach

Grundlagen und Zukunft der Eurythmie, Teil I. Die Eurythmie als Offenbarung des Ätherleibes des Menschen, in: Das Goetheanum, Wochenschrift für Anthroposophie, 79. Jg., Nr. 36, S. 710 – 713. Teil II. Die eurythmische Bewegung als Wirksamkeit schöpferischer Wesen, Nr. 37, S. 737 – 740. Teil III. Die eurythmische Bewegung im Verhältnis zum Sprachprozeß, Nr. 38, S. 768 – 770. Dornach

Eurythmie: Der ganze Mensch, in: Rundbrief der Sektion für redende und musizierende Künste, Michaeli 2000, S. 93 – 102. Dornach

Die Eurythmie als Weg vom Ideal zum Phänomen. Oder: Die Arbeitsweise der Phantasie (Germann/Göbel), in: Das Goetheanum, Wochenschrift für Anthroposophie, 79. Jg., Nr. 47, S. 974 – 975. Dornach

Die Eurythmie als Weg vom Phänomen zur Idee. Oder: Wie kommt man vom Erleben zum Verständnis des ästhetischen Zustandes? (Heidenreich/Göbel), in: Das Goetheanum, Wochenschrift für Anthroposophie, 79. Jg., Nr. 48, S. 996 – 997. Dornach

Formen, die sich aus der ganzen Wesenheit des Menschen ergeben, in: Das Goetheanum, Wochenschrift für Anthroposophie, 79. Jg., Nr. 49, S. 1019 – 1021. Dornach

Die sieben Seinsweisen der menschlichen Seele und ihre eurythmische Gestaltung, in: Das Goetheanum, Wochenschrift für Anthroposophie, 79. Jg., Nr. 51/52, S. 1073 – 1075. Dornach

2001: Die eurythmischen Bewegungen zur Darstellung der sieben Seinsweisen des Menschen-Ichs, in: Rundbrief der Sektion für redende und musizierende Künste, Ostern 2001, S. 34 – 43. Dornach

Der ganze Mensch und seine Offenbarung in der Eurythmie, in: Das Goetheanum, Wochenschrift für Anthroposophie, 80. Jg., Nr. 32/33, S. 583 – 585. Dornach

In Liebe zum künstlerisch Notwendigen, in: Das Goetheanum, Wochenschrift für Anthroposophie, 80. Jg., Nr. 42, S. 768 – 769. Dornach

Das Dilemma der Freiheit, in: Das Goetheanum, Wochenschrift für Anthroposophie, 80. Jg., Nr. 44, S. 801 – 802. Dornach

2002: Der Anschlag auf das Denken – Was nach dem 11. September zu tun ist – ein Vorschlag, in: Das Goetheanum, Wochenschrift für Anthroposophie, 81. Jg., Nr. 6, S. 89 – 93. Dornach

Urteilsgrundlage Menschenkunde (Bewegung – woher?), in: Das Goetheanum, Wochenschrift für Anthroposophie, 81. Jg., Nr. 19, S. 358. Dornach

Die ephesischen Mysterien, die Kategorien des Aristoteles, das mittelalterliche Rosenkreuzertum und die Eurythmie, in: Rundbrief der Sektion für redende und musizierende Künste, S. 38 – 43. Dornach

Das Gewissen und die Kultur der Selbstbesinnung, in: Das Goetheanum, Wochenschrift für Anthroposophie, 81. Jg., Nr. 26, S. 488 – 489. Dornach

Worauf sollte sich bei der Meditation der Blick richten?, in: Das Goetheanum, Wochenschrift für Anthroposophie, 81. Jg., Nr. 43, S. 798 – 800. Dornach

Eurythmie und Tanz, in: Rundbrief der Sektion für redende und musizierende Künste, Michaeli 2002, S. 56 – 60. Dornach

2003: Zum anthroposophisch-medizinischen Verständnis der heileurythmischen Krebsreihe, in: Der Merkurstab, Beiträge zu einer Erweiterung der Heilkunst 56. Jg., Heft 3, S. 122 – 129. Berlin

2004: Eurythmie und Tanz, in: Rundbrief der Sektion für redende und musizierende Künste, Ostern 2004, S. 17 – 21. Dornach

Zu den Plastiken von Manfred Welzel, In: Anthroposophie – Mitteilungen aus der anthroposophischen Arbeit in Deutschland, Heft I/2004, Nr. 227, Ostern 2004, S. 39 – 46. Frankfurt

Der Flüssigkeitsorganismus des Menschen, seine Organe und Organfunktionen als Grundlage des Fühlens, in: Tycho de Brahe-Jahrbuch für Goetheanismus 2004, S. 187 – 193. Niefern-Öschelbronn

Die Eurythmie will durch Bewegung das Geistige ins Materielle überführen, in: Tycho de Brahe-Jahrbuch für Goetheanismus 2004, S. 195 – 219. Niefern-Öschelbronn

Was sind kosmische Kräfte, in: Rundbrief der Sektion für redende und musizierende Künste, Michaeli 2004, S. 26 – 37. Dornach

Die zwölf Formen des Seelenleibes und die gestaltenden Wirkungen des Ich, in: Rundbrief der Sektion für redende und musizierende Künste, Michaeli 2004, S. 37 – 44. Dornach

2005:   Die Eurythmie als sichtbare Sprache, in: Rundbrief der Sektion für redende und musizierende Künste, Ostern 2005, S. 22 – 28. Dornach

Wie entwickelt man eine eurythmische Gebärde?, in: Rundbrief der Sektion für redende und musizierende Künste, Ostern 2005, S. 28 – 34. Dornach

Über das Verhalten des Blattgrundes an blütennahen Laubblättern der Gattungen *Ranunculus* und *Adonis*, in: Tycho de Brahe-Jahrbuch für Goetheanismus 2005, S. 71 – 78. Niefern-Öschelbronn

Laut – Sprache – Rhythmus und Reim, in: Tycho de Brahe-Jahrbuch für Goetheanismus 2005, S. 199 – 215. Niefern-Öschelbronn